纵横精华

艺者匠心

刘未鸣　刘　剑　主编

胸含七窍玲珑
艺成四方皆惊

中国文史出版社

《纵横精华》编辑委员会

主　编：刘未鸣　刘　剑

执行主编：金　硕

编　委：全秋生　孙　裕
　　　　李军政　胡福星

目 录

"父亲是一位社会责任感很强的画家"

——访十届全国政协委员、徐悲鸿之子徐庆平

———

许水涛

记者：徐老师，您好，首先非常感谢您在百忙中能接受我的采访。您的父亲徐悲鸿是 20 世纪中国美术界深具影响力的杰出大师，今年 9 月是他逝世 50 周年的日子。徐先生融合中西，坚持主张以客观生活为艺术创造依据的现实主义，坚持赋予绘画以震撼人心的教育价值和艺术魅力，在中国美术由古典向现代转型的变革中功不可没。作为他的后人和艺术事业的继承者，您的视角是独特的，那么，您是如何认识和理解他的艺术思想的？

徐庆平：父亲逝世 50 年来，国家、人民和美术界都没有忘记他，为什么会这样？我觉得，一是他依靠自己的艺术天分和苦功，创作和奉献出一批艺术作品，这些作品非常代表中国特点，代表着中国画从衰微状态中振起、走向复兴的这么一个历史阶段，这是他的作品的历史地位。他的艺术作品是融汇中西、博古通今的，有很高的艺术造诣，为整个中国艺术的现代化开拓了一条道路，这项非常艰巨的任务是几代艺术

家共同努力的结果，父亲在其中做出了独特的贡献。二是他在他所重视的艺术教育领域培养了一大批人才，做出了重要的贡献。

父亲在推进中国美术事业、复兴中国艺术方面有一套完整的思想。1918 年，父亲被聘为北京大学画法研究会导师时，曾在北大的杂志上发表《中国画改良论》，提出了改革中国画的明确主张，成为倡导中国画革新的一个主要人物。他提出："古法之佳者守之，垂绝者继之，不佳者改之，未足者增之，西方画之可采入者融之。"我觉得，对待中国传统绘画的这种理念、这种科学态度到今天为止都是正确的，对待西方的东西，他是有选择的，就是将可采入者融汇到中国绘画当中来，他用实践验证了这个思想的正确性。整体上说，此后中国美术史的发展就是沿着这种思想、这条道路走过来的，这条道路还会延续下去。

父亲的一句格言很典型地表现了他的艺术思想，也给我很多的启示，就是"尊德性，崇文学；致广大，尽精微；极高明，道中庸"。"尊德性"，就是说，他始终把画家的人品放在第一位，对于能够突破前人的画家，他都大加赞扬和宣传，像齐白石、傅抱石等，他觉得张大千有超越前人的成就，评价道："五百年来一大千"，这是迄今为止对张大千的最高评价，他的身上从没有一点文人相轻的习气。有人说他"誉人太过"，但他这样是有前提的，他说："一个人的技艺超越前人，我就要加倍推崇，一个人的技艺没有超越前人，我不会予以评论，我不会作温吞水式的评论"。对于真正有才华的学生，他要设法将他们送到国外学习，他是美术界的伯乐，而对没有民族气节的人则嗤之以鼻，对人品差或在艺术上搞抄袭剽窃的行为深恶痛绝。我小的时候，记得父亲最大的乐趣是买字画，一个有名的书法家写了一幅非常大的字，好极了，但父亲没有买，他跟我母亲讲，这个书法家给魏忠贤写过碑文，所以不能买这幅字，父亲一生真正坚持了他一直强调的"人不可有傲气，但不可无傲骨"这样一条原则。他在改革中国绘画的过程中受到强烈的反对，但他坚持真理，在家里挂的对联是"独持偏见，一意孤行"，表明绝不妥协的态度。他很尊重鲁迅先生，后来挂的对联是"横眉冷对千夫指，俯首甘为孺子牛"，我小时候老待在挂有这副对联的画室里，对此有很深的印象。

"崇文学"，中国艺术的一个伟大之处在于它始终与文学特别是和诗歌结合得很密切，画是无言的诗，诗是有言的画，中国的文化人大多有很好的字和画，吟诗作画是他们生活的内容，他们把画作为自己表达心迹、寄托感情、修身养性的一种主要方式，可以从这样的画中寻找到一种文学意境。崇文学，就是要从中国优秀的文学遗产中寻找灵感、寻找题材，这一点对于中国艺术来说至关重要。欧洲古典绘画艺术，一是从希腊罗马的神话和文学作品中，二是从《圣经》中寻找需要表现的题材。到浪漫主义时代，则是从莎士比亚、但丁等人的文学作品中寻找题材，重视艺术的文学性，是浪漫主义艺术的一个重要特点，此后的艺术是越来越远离文学，现代艺术的一大特点就是绝对不能有文学性，绝对要和文学决裂，反对一切有深刻意义和深刻内容的东西，这与中国绘画重视文化韵味的美学观念完全不同。我父亲的文学功底非常深，我们现在保存的他的手稿，他发表的文章、作的演讲全都是一气呵成，只是个别改几个字，他的字自成一体，融进去绘画的美。

"致广大，尽精微"，是指具体的绘画作品而言的，首先，要有非常深厚的气韵和十分雄伟的气派，要大气，能打动人、震撼人，能达到这种效果的绘画作品不是很多，它涉及各种因素的共同影响，但一定要有独特之处，或者讲究构图，或者巧妙运用笔墨和颜色，或者表现深刻的内涵。其次，"广大"要通过具体的精到的画面表现出来，我父亲有一方图章，用的是苏东坡的一句话："始知真放在精微"，苏东坡的美学标准是不能太具体、太真实，要抓住主题，突出中心，要通过艰苦的努力极其精确地表现出这种效果，达到"致广大"的境界。父亲的画非常大气，吸引人，可以长久地欣赏，他的题诗、题字以及画中的各个局部都非常精到，精到的东西可以帮助突出作品的大气。

"极高明"，是指绘画要达到极为高明的境界，父亲对艺术的要求是很高的，他"爱绘画入于骨髓"，认为只有从艰难困苦中产生的优秀作品才能达到极为高明的境界。例如，文艺复兴时期的大画家米开朗琪罗在罗马画西斯廷大教堂的天顶画，历时数年，每天不停地仰着头在上面画，画完的时候，头已经低不下来了，终于造就出文艺复兴时代的经典作品。他承担了设计圣彼得大教堂的任务，而做这项工作没有任何现实的功利目的，他只提出一个条件，就是不要一分钱的报酬，如果给他一分钱的报酬，那就是对他的侮辱。他认为他完成这样一件伟大的工作后就一定能够升入天堂。再如，有一件浪漫主义的代表作品，是借里柯的《美杜莎之筏》。美杜莎是希腊神话中的怪物，法国的一艘军舰以此命名，这艘军舰在毛里塔尼亚附近的海面，由于指挥官的腐败无能和瞎指挥而沉没了。军官们上了救生艇，并开枪射击想上救生艇的那些水兵。水兵们没有办法，就用破木头扎了一个木筏，在海面上漂了多少天以后才遇救。这幅画就是这些垂死的水兵突然发现远处有船影时而欣喜的情形，它是卢浮宫所藏的最伟大的绘画作品之一。画家在画这幅画时，没有一分钱赞助，这种画又不见容于当时正在拼命封锁消息的法国政府，不可能在沙龙展出，肯定卖不了钱，它最先是在英国展出的。这位画家之所以几个月不出门，专心致志地画这幅画，主要是表达自己义愤填膺的情绪，是代表人类向上天申诉、宣泄感情的。所以说，画虽是小技，但可以造大奇，可以达到惊天地、泣鬼神的境界。"道中庸"，我年轻时不大懂这句话的含义，随着艺术实践经验的积累，现在已完全理解和领悟到了。艺术是非常强调感情、非常强调个性的，艺术家有着区别于常人的个性和性格，是很容易走极端的，有不少人是神经不大正常的，有的甚至走上自杀的道路。中国艺术的伟大和高明之处，是强调感性和理性的平衡。

"道中庸"，就是指在处理矛盾时要找到一个最恰当的结合点，画面矛盾的处理，包括写实和写意的区分、大和小的对比、用笔快慢的对比、流畅和生涩的对比、冷暖颜色的对比等，绘画的过程是一个随时都在处理矛盾的过程，这就要有理性，不能走极端，恰到好处地处理比走极端难。西方印象派的主要代表人物莫奈表现光线随时间变化的情况，他的写实手法真可谓到了极致。后来他发现东方艺术的写意特征后开始向东方学习，结果西方艺术又走上了另一个极端，写意变成到了极点的抽象，画面越来越简单，成了白纸上的黑方块，抽象主义就是这么来的。我们中国艺术始终处在半写实半写意的状态，正如齐白石先生所说的，绘画"不似为欺世，太似为媚俗"。

通过多年的艺术实践，我以为父亲的艺术思想是很高明的。

记者：您刚才提到了您父亲重视艺术教育，这在 20 世纪的大画家中是很突出的。他注重艺术教育，热心提携后学，亲自培养了一大批优秀的美术人才，20 世纪后半叶中国画坛上许多声名远播的画家都得益于大师的发现、提携和培养，有人说"几占中国艺坛大半"。他为什么会这样？作为一名美术教育工作者，您认为大师的美术教育思想中有哪些可贵的成分？

徐庆平：这涉及父亲在美术创作、美术革新之外的又一个重要贡献。父亲最早的职业是教师，19 岁的时候，他在家乡江苏宜兴同时当了三个学校的美术老师。从宜兴到上海寻找半工半读的机会，他也在学校里工作过一段时间，这就是哈同花园里的仓圣明智大学，他是在顺利通过仓颉画像的应试后去明智大学讲学和画画的，并利用这个机会结识了康有为和王国维。后来到北京，又受到蔡元培、傅增湘两位国学大师的赏识，被聘为北京大学画法研究会的导师，这个研究会是中国最早进行美育的机构，李苦禅先生就是父亲在画法研究会工作时的学生。1919年父亲到了法国，1927年秋回国，此后他始终处在教学第一线，主持一些主要的艺术院校，如中央大学艺术系、国立北平艺专和中华人民共和国成立后的中央美术学院。可以说，他从30多岁开始就把主要的精力放在艺术教育上了，他在艺术教育上投入的精力并不比在创作上的少，这是较为少见的。为什么会这样？他的学生、著名美术史专家刘汝醴曾就这个问题问过他，那是1935年秋刘刚从日本回国，到南京探望我父亲时间的，父亲回答：我不这样做，新艺术运动怎么推广？我发现的这些有才华的学生如何能送到国外去？

父亲致力于建立完整的、科学的艺术教育体系，中国后来的艺术教育的很多原则，应该说，都是他在多年的实践中确立下来的。他主张应要求学生有严格的基础训练，素描作为一切造型艺术的基础，是学画者需要率先掌握的，现在所有的艺术院校就是这样做的，这也是中国绘画的传统，中国有句古话："绘事后素"，说的就是这个意思，但这个传统在唐宋以后就衰微下来了，特别是在人物活动的表现上。明朝出现过几个巨匠级的大画家，清朝只有个别画家能画非常好的人物画，像任伯年、吴友如等，一般的画家都不会画人物了。20世纪30年代，父亲曾讲过，如果搜集中国现代画得最好的300幅画，出一本画集，搞一个展览，92%的一定是八股山水，就是没有任何自然情趣、没有任何写生感动的、没有任何时代感的、不知道是表现何地山水的。剩下的8%是石涛、八大山人、扬州八怪等有真气的作品和个别的人物画，中国画恶劣到不能表现人的活动了，这就太可怜了。

针对这种情况，父亲提出了改革的办法，不遗余力地倡导国画的革新，即进行严格的素描训练，打破一味临摹的劣习。他认为，素描之于绘画，就如同数学之于科学，中国有这个是与否的标准就从他开始。北平艺专的学生，特别是学国画的首先要接受两年的素描训练，以初步掌握写生的能力。父亲为此受到保守势力群体攻击的情形是今天的人们无法想象的，竟然由新旧国画论战发展到"倒徐运动"。父亲坚决捍卫了自己的艺术教育思想，他在为自己申辩的一次记者招待会上发表的书面谈话中写道：学生"须学到十种动物、十种花卉、十种翎毛、十种树木以及界画，使一好学深思之士，具有中人以上秉赋，则出学校，定可自觅途径，知所努力，而应付方圆曲直万象之具已备，对任何人物、风景、动物和建筑，不感束手"。他是以此全面提高学生的素养的。

他自己的艺术实践也是如此。他一回国就画了几张以人物为主的大画，油画有《田横五百士》、国画有《九方皋》等。现在，中国已经出现一批能够表现时代精神和人民生活的巨作，和父亲当年重视素描的原则是分不开的。

记者：您父亲去世时，您刚刚七岁，您记忆中的父亲是怎样的？随着阅历的增加，您又是如何理解和认识您父亲的艺术追求和人生之路的？

徐庆平：我印象很深的是他把时间抓得特别紧，更多的时间，他总是待在画室里，将一大池子的墨用完才休息，真正到了废寝忘食的地步，他的勤奋，在我见过的画家中是没有人能比得上的。他收到的信很多，绝大多数是陌生的、热爱美术的青年寄来的，他每天清晨起来，开灯后做的第一件事就是回复前一天收到的信。他的每一封回信都非常认真，如果来信中夹有绘画作品，他会详细地指导修改的技巧，他为此付出很多时间和精力。

我小时候，父亲教我和妹妹写字，参照的是张猛龙碑上的字，他受康有为的影响，对碑是非常重视的，他用的是将碑上的字一个个挑下来集成对联的《张猛龙碑集联》，并在封面上写了两行字："拔山盖世之气，长河大海为词。"父亲的工作非常忙，但仍坚持批改我和妹妹的字，写得好的字就打圈，没有打圈的字，就要我们第二天重写，让我们从小就接受最有气魄、最好的东西，给我们打下审美的基础，同时，他又培养出我们的毅力和耐力，我后来能够执着地做一些事情，跟我小时候所受到的严格的审美训练有密切的关系。

父亲把他的一生都献给了中国的美术事业，他非常明确地希望通过审美提高人的全面素养，他重视艺术教育、呼吁成立美术馆、注重培养美术人才等，核心是从审美方面为中国的振兴创造条件。他曾经说：如果在一个大城市的中心竖立非常优秀的雕塑作品，对于提高市民审美水平的作用是不可估量的。上海大学美术学院院长李天祥先生与钱绍武先生是我国第一批派去留苏的，李学油画，钱学雕塑，后来都是中央美术学院教授。他俩临行前，向躺在病床上的我父亲告别，父亲说："中国要出几个、十几个画家不是什么困难的事，而提高整个国家、民族的审美素养却是非常艰巨的。"我自己在这方面有很深的体验，记得第一次进卢浮宫发生的一件事情给我带来极大的震动。当时与我一起进去看建筑室的是一群七八岁的小学生和一位女老师，里面有世界著名的各种派别的建筑模型。老师问学生：谁能说明希腊罗马时的建筑和哥特式建筑的美有什么不同？我很惊讶，孩子们都能讲出一点道理来。老师给他们说，希腊罗马时的建筑是水平方向的发展，哥特式建筑是垂直方向的发展，这使我很受震撼！因为哥特式建筑是 12 世纪诞生于法国，是世界上最伟大的宗教式建筑，体现法国的传统美，学生们已经习惯于这种美了，但老师要让他们知道除了这种美之外，还有别的美，别的美是怎样的。

缺乏审美的人是不完全的，一个懂得审美的民族一定是伟大的，应当加强少年儿童的审美教育，真正提高全民族的审美能力。随着自身阅历的增加，我对父亲的人生选择有了更为深刻的认识，父亲是一个社会责任感很强的画家，他意识到自己对国家、民族所应尽的责任。

记者：您的父亲曾希望您不要学美术，因为学美术是非常艰苦的一件事情，他自己对此有非常深刻而直接的体验。同时，他又希望有一个孩子能继承他所挚爱并奉献终生的美术事业。您是如何走上美术之路的？

徐庆平：父亲的确有过上述互相矛盾的想法，记得在选择专业的时候，我征求了我母亲的意见，母亲告诉我："你父亲留下一句话，你生下来的时候就说了，他说，对这个孩子如果溺爱一点的话，就不要让他学美术，让他学别的。"我小的时候，父亲又说过，他非常希望有一个孩子能继承他的事业。我哥哥一开始是学绘画的，但父亲看出他更爱音乐，就没有让他画。为什么？学画是要有特殊的热爱的，要爱到痴迷的地步，要有天分。他跟我母亲讲，我也经常跟我的学生讲，绘画是非常非常艰苦的一件事情，绘画者不要指望太赚钱，考虑赚钱就出不来好画。

我从小爱好绘画，常常跟父亲的学生们学习，受到很好的熏陶。初中毕业时，我同时考取了北京师大附中和中央美院附中。这时候，母亲讲父亲特别希望他的孩子中要有一个学美术的，我于是选择了中央美院附中。我觉得这也是父亲的愿望，我出生的时候，父亲请齐白石先生给我刻了一方图章。我以前画油画时并不怎么用，后来画中国画就经常用。我发现这一方章的大小是画中国画最常盖的大小，非常合适，我一下子懂得了父亲的苦心。

我逐渐感觉到学美术的确是一件非常艰苦的事情，这牵涉艺术教育的本质是审美。美术工作者要不断训练和提高自己的审美能力，这个阶段永无止境，永远不可能结束，永远有前面的美等你去追求、去表现。我们常常有绘画的冲动和想法，但画出来后总感到达不到自己设想的理想状态。我曾赴内蒙古画草原上的云彩，云霞的美特别好看，自己总想把这种美表现出来，我曾经说，一个画家一辈子画内蒙古草原上的云，画好了，就很了不起。巴黎圣母院给我特别神秘的感觉，我老想把它画出来，但怎么也达不到理想的美。你总是觉得你是在经历一个不断表现美的过程，除非特别热爱艺术，才能习惯于这种循环，一般的人是难以体会其中的艰苦的，所以必须经历痛苦才能产生真正优秀的美术作品。印象派的代表人物莫奈说："我们的画像清晨的小鸟在树枝上唱歌。"但为了达到这一点，却吃着常人不能忍受的苦。

我的人生之路经历了很多的曲折。我从中央美院附中毕业的1965年，中央美院停止招生，全体师生都下到农村搞四清去了。我于是考入北京第二外国语学院学法文，之所以如此，是想学习父亲留下的许多法文书籍。第二年开始"文化大革命"，大学十多年没有招生，我先是当教师。1981年，我参加联合国教科文总部组织的一次考试，被录取为该组织驻巴黎的官员，用半工半读的办法，到巴黎大学研读美术史，攻读博士学位。

记者：徐悲鸿大师的一生是在穷困、焦虑、动荡和创造、奋斗中度过的，他的身体为此受到极大的伤害。他人生的最后四年是在相对安定的环境中度过的，他由此曾生发晚生十年就好了的感慨，您觉得您父亲有哪些遗憾和未了的心愿？

徐庆平：父亲晚年的身体的确不太好，他自己也想他再年轻十岁就好了。他的身体透支得太厉害了。在上海，他常常处在饥寒交迫的状态。在法国学习时，也经常是因为勤奋工作，十几个小时吃不到东西，年纪轻轻就得了严重的肠痉挛。1943年，他在重庆因脑出血而中风过，此后，身体状态一直不太好。新中国成立后，身体状况已经严重影响到他的绘画事业，1950年，他到山东导沭整沂水利工程工地体验生活，非常兴奋，准备画一张大画《当代愚公》，他讲以前只是寓言里有愚公移山，而现在实际上是真正在移山啊！他搜集到很多素材，画了好多民工的画，由于画大画要耗费几年的时间，他的精力就不行了。他有创作的激情，毛主席、周总理又非常信任和尊重他，他的遗憾就是如果身体好的话可以画很多好画。他一直为建造国家级的美术馆而奔走呼吁，并为此提出过详细的方案，但到临终时，他的这一愿望也没能实现，现在的中国美术馆是1958年建成的。

记者： 在大师逝世50周年之际，都有哪些重要的纪念活动？您认为，今天的年轻人应该从大师的奋斗历程中得到什么启发？

徐庆平： 父亲的故乡宜兴很重视绘画和艺术教育，是名副其实的"书画之乡"。在父亲逝世50周年之际，宜兴市政府准备组织所有宜兴籍的画家在江苏省美术馆举行展览，出版一本画册。我们徐悲鸿艺术学院将召开一次规模较大的纪念大会，北京出版社将出版父亲的画集。

在我父亲一生的奋斗历程中，有许多值得年轻人深思的内容。我觉得年轻人首先要有宏伟的志向。父亲出生在宜兴的小镇上，读的是四书五经，到震旦大学前，他没有进过正规的学校。他是在上海半工半读、流落街头时报考震旦大学和德文补习学校的，连饭都吃不上时，他仍抱着上进心认真学习，很早就立志成为最好的美术家。其次要做到"追求真理，广博知识"。他说："夫人之追求真理，广博知识，此不必艺术家为然也。唯艺术家为必须如此，故古今中外高贵之艺术家，或穷造化之奇，或探人生究竟，别有会心，便产杰作。"年轻人应该从这样的表述中获得启发性的思考。

记者： 再一次谢谢您接受我的采访！

国画大师傅抱石的艺术人生

万建清

在南京汉口西路 132 号，有一幢建在山坡上的二层小洋楼，独门独户，周围树木环绕，郁郁葱葱，恬静闲适，这就是国画大师傅抱石的故居。20 世纪 60 年代傅抱石在这里生活了几年时间，直到去世。1985 年，这里被辟为"傅抱石纪念馆"。

傅抱石是画坛公认的一代宗师。其画名直追齐白石老人，人称"南北二石"。生前曾任全国政协常委、全国人大代表、中国美术家协会副主席、江苏省美术家协会主席、江苏省国画院院长。

苦难童年幸运地得到艺术的熏陶

傅抱石是江西新余市（原新喻县）人，清光绪三十年甲辰八月二十六日（1904 年 10 月 5 日）生于南昌。先祖傅瀚是明代的东阁学士、太常少卿兼侍读、礼部尚书。但盛极一时的傅家，后来渐渐衰落了。到傅抱石的曾祖、祖父时，已经贫无立锥之地。傅抱石的父亲傅得贵，童年为地主割草放牛，后被地主的儿子用五齿钉耙在背上扎了五个洞，差一点死去。不久染上肺病，无可奈何之下，母亲借了四吊钱的高利贷，让他去南昌治病、谋生。得贵在南昌做过伙夫、卖过破烂，最后跟一位修伞的老头相依为命，学到了一门修补布伞的手艺。

抱石的母亲徐氏，江西新建县人。自幼被骗卖到南昌做童养媳，因不堪虐待而只身逃出，认识了大自己 16 岁的得贵，两个苦命的人便结了婚。婚后生了七个孩子，除了长女招弟和幺子抱石外，其余的都死了。因怕再夭折，所以给抱石取名长生。长生从出生到满月，双眼紧闭，父母以为是一个瞎子。到了满月第二天清晨，长生的双眼忽然睁开了。

徐氏性格刚直，作风豪爽，认为自己的一生已经被断送，把一切希望寄托在儿子身上，尽力让他读书。长生五岁就跟一个做巡警的街坊认字，七岁被送进南昌新喻会馆私塾"附读"，也就是免费旁听。但没有多长时间便辍学并流落街头，以贩卖甘蔗谋生。母亲发现后，心痛得哭了，带回家帮着修伞。这里恰好有一家裱画铺和一个刻字摊，引起了长生的兴趣。东邻刻字摊的郑老板喜爱长生聪明，教给他很多刻图章的知识，并翻开刻章所用的《康熙字典》中的篆书给他看。后来长生也搞到了一本《康熙字典》，研习摸索，得入门径。西邻裱画店的左师傅，专门复制石涛的作品，对石涛也颇有研究。他见长生常来看画，且十分认真，就给他作很多讲解，并带他看一些古代真迹。长生从左师傅处知道了清代大画家石涛，从郑老板处知道了清代大篆刻家赵之谦，并搞到一套残破的《二金蝶堂印谱》，模仿其中印样，仿刻几能乱真。从此，他既画画，又刻印，乐此不疲。

1917 年，长生 13 岁。傅家所居街道的一位邻居——江西省第一师范附属小学校长张先生出于爱才和同情心，同意长生到他的小学去读书，不收费。张先生给他取了一个学名叫傅瑞麟，插在四年级班中听课。瑞麟学习刻苦，初小四年级后，又考入高小。三年毕业，名列全校第一。

仿古印一举成名

江西省第一师范给学生提供的是免费学习、膳食和住宿。但学生入校须交 10 元学费、5 元服装费，共 15 元大洋，以防半途而废。傅家靠补破伞为生，根本无力交纳这笔费用。张先生知道得意门生有困难，便拿出自己一个月的薪水 18 元，全部送给傅家，使瑞麟得以继续读书。此时瑞麟母亲却染上了肺病，家庭愈加困顿。瑞麟虽在学校做零活赚点儿钱，但仍无济于事。

这时，学校看大门的工友老张给他出了个点子，叫他仿几块赵之谦的印章，由老张拿去设法卖给喜收藏的绅士们。瑞麟走投无路，只好试试运气。没想到被这些富人认定是真物，得到很高的价钱。老张将卖印所得的四分之一交给瑞麟，这对一个穷学生来说，是一笔十分可观的收入了。于是，瑞麟伪造一批后，又伪造了一批，卖得很顺手。他把卖假印所得的钱一部分交给母亲治病养家，剩下的钱用于学习，买了许多纸笔墨色。

瑞麟原名长生，谱名中洲，字庆远。1923 年由师范英文科转入艺术科时，便自号"抱石斋主人"。他所以取名"抱石"，首先是尊崇伟大爱国诗人屈原，取《楚辞》"抱石怀沙"之意；其次是特爱石涛的画，更爱石涛的画论；最后是爱好篆刻，与石头有不解的情结。于是他自号"抱石斋主人"，后来干脆改名傅抱石。

抱石仿造名家印章的事，后来终于败露了。收藏假印的人，有些是议员和地方官僚，便告到学校。校长爱才，再三打圆场，平息了事端，并替抱石在报上登启事，以自己的名义向社会推荐。抱石一下出了名，前来求印的人很多。从此，抱石正式开始了课余卖画鬻印生涯，成为南昌城很有名气的青年书画篆刻家。

徐悲鸿赏识，赴日本留学

1926 年秋季，傅抱石 20 岁，顺利地从师范学校艺术科毕业。因成绩优秀，留在师范附小当教员。江西省立第一师范改为第一中学，傅抱石到母校讲授艺术科国画、篆刻及理论。同时先后兼任省立第二职业学校、南昌私立鸿声、洪都、心远等中学图画教师。但抱石并未因此而满足，还想向艺术的更高层次进取。

机遇终于来到了。1931 年初夏，著名画家、中央大学艺术科主任徐悲鸿应江西省政府邀请到南昌。抱石在朋友的引荐下，带着书画篆刻作品及著作去拜访。徐悲鸿大加赞赏。晚上，抱石特为徐悲鸿治一铜印。徐悲鸿十分高兴。次日，又到抱石处回访，给抱石画一白鹅，上面几笔芦草，右下方题写了抱石治铜印相赠之事，并谦虚地说"自愧不相抵也"。之后，抱石陪同徐悲鸿参观南昌名胜。在往佑民寺、水观音亭时，突遇寺内偏殿储存的弹药发生爆炸，当时伤亡很多，血肉横飞，抱石和徐悲鸿一行也被震倒在地。大难不死，共同躲过一劫，徐悲鸿和抱石的感情更加亲近了。

徐悲鸿对优秀人才的帮助和提携一向是不遗余力的。为了傅抱石，他特地拜访了江西省政府主席熊式辉，介绍了傅抱石的情况，希望熊式辉能送抱石去法国学雕塑。可是熊式辉却说留学名额太少，此事不易办到，但碍于面子，不好完全回绝。徐悲鸿为他画了一幅奔马。熊最后决定以为江西景德镇改良陶瓷为任务，送傅抱石去日本留学。

1933 年秋，傅抱石乘船到了日本，进入东京日本帝国美术学院研究部，主攻东方美术史，同时学习雕塑、绘画及工艺美术，老师是日本著名学者金原省吾。在此期间，他翻译了大量著作，编译了《基本图案学》，编著了《中国绘画理论》，并发表了《苦瓜和尚年表》等许多论文。

1935 年 5 月，他在东京银座松坂屋举办了"傅抱石书画篆刻个展"，展出作品包括山水、人物、花鸟、书法、篆刻、印谱等，共 175件。展览反应热烈，轰动了东京艺术界。著名篆刻家河井仙郎、大画家横山大观、大书法家中村不折、帝国美术学院院长正木直彦、日本文坛盟主佐藤春夫等都到现场参观，并都买了画或印。

在日本留学时，抱石结识了郭沫若。郭沫若对抱石很器重，抱石经常拜访求教，探讨学问。郭沫若为抱石的许多画题了诗。两人感情真挚，"交在师友之间"。

当年 7 月，因母亲病重，傅抱石不得不匆匆回国。

回国教书，画名日振

从日本回国后，傅抱石被徐悲鸿聘请为中央大学（即南京大学）美术教育科美术史讲师。正值年富力强的他不断推出新著。1936 年 7 月在南昌举办了一次个人画展。1937 年抗战爆发，傅抱石被迫离开南京，辗转到了重庆，先在国民政府军委会政治部第三厅（由郭沫若主持）任秘书，后在西迁重庆沙坪坝的中央大学任教，1941 年晋升为教授。

傅抱石到中央大学后，主要研究和教授中国美术史，又不曾轻易将作品示人，以致有很多人认为他根本不会画。抱石当然不能容忍这种局面。他当时的处境很窘迫，租借了地主的几间门房，名为"金刚坡下山斋"。门房用稀疏的竹篱隔作两间，每间不过方丈大，高约丈三四尺，非常狭窄简陋，光线暗弱。不得已，只有当吃完早饭后，把仅有的一张方桌，抬靠大门放着，利用门外光线作画，画后又把方木桌抬回原处吃饭。他就是在这种情况下创作了近百幅作品，又加上一些旧作，于 1942 年 9 月在重庆举办了"壬午个展"，展出作品 100 件。其中有徐悲鸿题塘的"元气淋漓、真宰上诉"的《大涤草堂图》及郭沫若题诗的《屈原》、《陶渊明像》等名作。1943 年又在重庆和成都举行第二次个展。从此画名大振。

在重庆近八年时间里，傅抱石看遍了蜀地山山水水，这对他的山水画来说无疑是有力之助。他的研究重点也由美术史转移到中国画创作。这期间，他不但举办了第三次个人画展，而且还在昆明举行了"郭沫若书法、傅抱石国画联展"，名声远播。他的一大批名作就此诞生，如作于 1944 年的《丽人行》，于 50 多年之后在北京的拍卖会上，竟以 1090 余万元的价位拍出，创造了中国拍卖价的最高纪录。

1946 年 10 月，中央大学迁回南京。同年 12 月，在南京香铺营文化会堂举办"徐悲鸿、陈之佛、吕斯百、傅抱石、秦宣夫联合画展"。1947 年 10 月，在上海中国画苑举办个人画展，展出作品 180 余幅。1949 年冬，又在南昌举办画展。

坚持传统中国画，成为画坛泰斗

南京解放前夕，许多人动员傅抱石离开大陆前往台湾，他以家口拖累为由坚决拒绝。为逃避战火躲开纠缠，1948 年 12 月率全家返抵老家南昌。中华人民共和国成立后，抱石返回南京，在南京大学艺术系任教。

但此时的中国画被视为不合时宜的封建意识形态残余，1950 年，抱石在南京大学所教的书画、篆刻、绘画理论和中国美术史四门课程，相继全部取消，他陷入了苦闷彷徨之中，但很快醒悟而振作起来。他在文联、美协、政协及学校的各种会议上，在各种报刊上，不断发表讲演、发表文章，积极宣传提倡国画的优秀传统，既反对保守主义，又反对民族虚无主义。他认为："中国的绘画，有其特殊的民族性，较别的国族的绘画是迥然不同的！"他说，"中国绘画既有这伟大的基本思想，真可以伸起大指头，向世界的画坛摇而摆将过去，如入无人之境一般。我们不应妄自菲薄"。他的意见终于引起各方重视，争取到政府支持，拨款救助了部分生活困难的国画家，使许多画家归队或得到工作安排。1952年全国院系调整，抱石调任南京师范学院美术系教授。1953年南师美术系成立了中国画研究室，他作为主任又开始了中国画等课程的教学。他的作品《抢渡大渡河》、《更喜岷山千里雪》还参加了全国第一届国画展。

50年代的政治运动中，抱石是重点被打击的对象。但他却毫无顾忌，只要是真话，什么都敢讲。他和郭沫若的关系，他大讲；他和张道藩、陈立夫的关系，他也大讲。他为此付出很大的代价，他的"认罪状"比他发表的论文数量还要多。但运动一过，他又毫无顾忌地讲了起来。别人都为他担心，他却谈笑风生。有一次，他去扬州讲演篆刻艺术，他讲到齐白石为蒋介石刻印，"蒋中正印"四个字刻得好极了。当时人听后都吓出一身冷汗，但抱石说他"谈的是那印章的艺术啊"。如果不是郭沫若的保护，真不知抱石怎么闯过来呢。

1956年，他被推选为中国美术家协会南京分会筹委会主任委员。1957年，国务院总理周恩来建议，在南京建一所国画院，傅抱石被提名为筹委会主要负责人。1959年7月9日，他与关山月一起应邀到北京为人民大会堂创作《江山如此多娇》的巨幅山水画。该画高五米半，宽达九米，在中国绘画史上堪称空前，成为经典性的名作。1960年3月，江苏省国画院在南京长江路292号孙中山先生任临时大总统的地方正式成立，他任院长。画院建立后一个月，中国美术家协会江苏分会成立，傅抱石担任主席。同年 8 月，他又被推选为中国美术家协会副主席、全国文联委员。

进入画院，是抱石一生的又一转机，是他画名又一次提高的时期。一开始，抱石对画院存有偏见，认为中国历史上的画院都是为皇家服务的工具，画院画家缺乏独立的人格。所以，他去之前有一个条件，就是继续担任南师美术系教授。其实，抱石到画院后，有更多的时间放在画画上。1960 年 9 月，他率领江苏省国画院画家进行了两万三千里的旅行写生，一行 13 人先后到郑州、洛阳、三门峡、西安、延安、华山、成都、乐山、峨眉、重庆、武汉、长沙、韶山、宁乡、广州等六省十余城市，时间长达三个月。这是一次最重要的写生活动，产生了一大批反映祖国大好河山，反映建设新貌的优秀作品。次年在北京举办了"山河新貌——江苏国画家写生作品展览"，并出版了《山河新貌》画册。1961 年 6 月至 9 月，傅抱石又与关山月结伴，到东北写生，11 月在南京举行"傅抱石东北写生画展"。1962 年，到浙江风景区度假写生，并出版了《浙江写生画集》。1963 年 11 月，赴江西井冈山、瑞金写生。可以说，60 年代以来，是傅抱石最得意的时期，他的成果特别丰硕，创作了一大批佳作，他的国画艺术达到了辉煌的巅峰。他被郭沫若等人誉为"南北二石"（北有齐白石，南有傅抱石），而当时"北石"已去世，只有"南石"健在。当时的李可染、钱松岩等画家的名气皆不太显，傅抱石已成为当时公认的画坛之首。

傅抱石成为画坛泰斗后，国内外艺术界人士慕名拜访者络绎不绝。他原来居住的傅厚岗 6 号住房益加紧张，政府特别照顾，把汉口西路132 号的别墅让给他居住。1963 年，傅抱石全家搬到这所别墅。别墅在南京师范学院北面，原来是国民党政府一位要员的住房，据说是清代著名文学家袁枚的"小仓山房"旧址。

1964 年，傅抱石被推为全国人大代表。1965 年 9 月，上海国际机场建成，上海市委邀请傅抱石为机场作画。9 月 28 日，华东局负责人魏文伯宴请了他，他也会见了上海文艺界的一些朋友，并作了画。因为要过节，他要暂回南京一次。过节后，再回上海完成这幅巨作。朋友们为了让抱石高兴，让他喝足了酒。上海国际机场特地用飞机送抱石回南京。第二天早晨，他感到身体不舒服，11 时昏迷。傅抱石得了脑溢血，不久便离开了人世，年仅 61 岁。他的遗体被火化后，葬于南京雨花台公墓。

爱国画家张善子

李永翘

伟大的民族哺育出伟大的儿女，伟大的斗争锤炼出伟大的英雄。在我国群星灿烂的现代画坛上，曾升起过一颗皎洁的明星；在中国民主革命时期宏大的爱国人物队伍中，曾行进着一位杰出的志士。他，就是蜚声中外、以"虎痴"闻名的爱国画家张善子先生。

艺术熏陶下的苦难童年

张善子先生是四川省内江县人，于 1882 年（光绪壬午八年）农历五月二十七日，诞生在内江县城内安良里象鼻嘴堰塘湾的一个贫穷的大家庭中。

张善子原名张正兰，单名泽，字善孖，晚年方改称善子。由于他后来喜爱画虎，曾豢虎以入画，尽得神韵，遂自号"虎痴"，时人皆尊称之为"虎公"。

张善子先生诞生之际，正是昏聩的清王朝日益腐败，西方帝国主义列强加紧侵略、瓜分中国之时，政治黑暗，民不聊生。张善子的童年时期，家庭生活极其贫困。他的父亲张忠发（字怀忠，号悲生），因在自流井经营井灶失败，只好回内江帮人挑水及收买破烂度日，收入十分微薄。幸好张善子的母亲曾友贞，自幼擅长绘画绣花，常帮人做些刺绣等活，并兼之售画，全家方得以勉强糊口。由于家庭贫穷，张忠发夫妻所生九男二女，除次、三、四、八、九子及长女成活长大外，其他子女均夭折。张善子即张家次子，其八弟张正权，即是后来的国画大师张大千。

在贫困与苦难的重重打击下，张忠发夫妇把希望的目光转向了宗教，他们成了虔诚的天主教徒。年幼的张善子，常被父母带进教堂，和各色各样的人一起，做礼拜，做祷告，祈求"天主"降福。但是，在苦水中长大的张善子，为人非常正直。"朱门酒肉臭，路有冻死骨"的社会现实，使他幼小的心灵里充满了愤懑与不平。因此当年流传在民间的那些"替天行道"、"扶弱济贫"的豪杰侠客的壮举，深深地吸引了他，使他"自幼即喜任侠击剑"，行侠仗义，渴望通过自己的努力，来改变社会，改造环境。

由于生活所迫，张善子刚懂事，就跟着母亲学习绘花作画，并很快成了母亲替人干活的得力助手。据其四弟张文修先生后来回忆："先兄日依（母亲）膝下，观摩十载，即能做大幅。"他母亲曾友贞，是把张善子引上艺术道路的第一位老师。著名诗家谢玉岑先生也谓："曾太夫人，以工笔花鸟，负大名于蜀。"由此可见，曾友贞的艺术才能是不低的。因此，在这位"身擅绝诣"的母亲的悉心培养下，张善子从小就受到了艺术的熏陶和严格的训练。由于张善子肯学肯钻，不久就在地方上有了一些小名声，常有人专程前来求画，这对于他后来的生活道路，产生了极为深远的影响。

带头打教堂的青年

张善子先生稍长，在友人的资助下，得进内江师范学校读书。他知道这机会来之不易，因而发愤学习，努力攻读。据《张氏家谱》记载，张善子由此"通五经百家，学东西洋语言文字"，打下了中国传统文化的根基，也受到了西方资产阶级民主革命思想的影响。数年后，张善子以优异成绩从内江师范学校毕业。后经友人介绍，张善子在内江小学与内江中学做过一段时间的教师工作。

19 世纪末，四川人民愤于帝国主义对中国的侵略、压迫与剥削，掀起了轰轰烈烈的反洋教斗争，巴蜀各地打教堂、逐教士、殴教棍的事件此起彼伏。1898 年，大足群众在余栋臣等人的领导下，爆发了声势浩大的第二次反洋教武装大起义，震惊全国。四川各地这一系列的反洋教斗争，对于出身在教徒家庭的张善子，是一场严峻的考验。张善子虽说是从小在教堂长大，成年后也经常出入教堂，教内也有不少朋友，但他所接触的多是下层穷苦教民，平时对洋教士们作威作福、骄奢淫逸的生活也很气愤，加之再在当时流行的一些资产阶级民主革命的启蒙书刊的教育影响下，他已认识到帝国主义传教会是西方列强侵略中国的急先锋。正因为张善子是从教会中来，他更懂得当时教堂中的阴森与黑暗。因此，在这场斗争中，张善子勇敢地站了出来。1899 年，他率领了二百余名青年奋勇攻打大足教堂，殴逐教士，酿成了著名的大足教案，有力地配合了余栋臣反帝再起义。年仅十七八岁的张善子，就已在爱国反帝的斗争中显示头角，初露才干。

20 世纪初，在卖国的清王朝的血腥镇压下，四川的反洋教斗争和义和团运动都失败了，中国人民更沉入了苦难的深渊。面对这残酷的现实，年轻的张善子怀着苦闷的心情，毅然告别了家乡和父母，浮槎东渡，去日本寻求救国救民的道路。

辛亥革命中的先锋

到日本后，张善子先入明治大学经济科学习，准备走"实业救国"的道路。后由于对美术的爱好，他又进该校的美术专修科学习绘画。

1905 年，孙中山先生在日本建立了中国同盟会，发出了"驱逐鞑虏，恢复中华，建立民国，平均地权"的号召。张善子闻此极为兴奋，热烈拥护同盟会的政治纲领，决心追随中山先生进行革命。在友人的介绍下，张善子不久就加入了同盟会，与廖仲恺、何香凝、宋庆龄、于右任、杨杏佛、张岳军、张治中、许世英等诸人时有过从，成了四川省最早的同盟会会员之一。

1907 年，张善子从日本回到祖国。他积极参加了同盟会组织领导的革命活动，并提倡"尚武精神"，先后参加了四川反清武装起义和四川保路同志会的反帝爱国斗争，并在内江多次刺探过朝廷特使端方的活动，曾被推选为四川省谘议局议员，为辛亥革命的胜利做出了贡献。

辛亥革命后，鉴于张善子在革命中的突出功绩，加之他又以"兵学专长"，遂被委任为独立后的蜀军第一师第二旅的少将旅长。据记载，张旅长善子曾"屡树战功"。

讨袁斗争中的勇士

1913 年，袁世凯窃取了辛亥革命的胜利果实后，悍然发动内战，宣布解散国会，实行独裁，准备复辟帝制，遭到了全国人民的强烈反对。在四川，蜀军第五师师长熊克武顺应民心，自任川东讨袁军总司令，树起了巴蜀反袁讨袁的大旗。张善子在军中素以"正色谋国、扶持民气"

著称，他斥退了袁系爪牙的收买，不顾个人的安危，勇敢地率部参加了熊克武领导的四川反袁讨袁的斗争。

惜时未久，讨袁失败，熊克武被逼出走南洋。袁世凯对张善子恨之入骨，以万金悬赏，欲得其首方休，并亲笔手谕晓示各地："捉拿张善子，就地正法。"在这种情况下，张善子被迫逃回内江老家，藏入山中游匿躲避。此时八弟张大千不过十四五岁，每天穿坟山，走小道，冒着危险，为张善子送衣送食，通风报信。还在辛亥革命前，其母曾友贞曾忧心忡忡地说过："家中子弟，个个驯良，唯有善子疾恶如仇，又加入了革命党，将来难免有抄家之祸。"果不其然，张善子的内江老家，曾经两次被抄：第一次在清末，是为了革命；第二次即为此时，是为了倒袁。尽管经受了种种坎坷，但张善子先生的爱国初衷，有增无减。

由于官府搜捕的风声愈来愈紧，张善子不得不再次逃亡日本。在日期间，他刻苦攻读，学习技艺，尤热衷于绘画，创作了不少的作品。

1916年，袁世凯称帝83天后，在全国人民的声讨声中，忧惧而死，张善子遂于次年回到四川。在内江家中，张善子见八弟张大千聪明好学，志在绘画，且渐次长成，旋于同年带大千再去日本，在京都等地学习染织技术和美术，时时耳提面教，精心培养。凡大千喜爱之古今书画金石，莫不全力搜求以供，生活上则更是关怀备至，不使有点滴后顾之忧。这些都对大千的早年成名关系极大，因而后来张大千常对弟子们说："我之所以绘画艺术有此成就，是要感谢二家兄的教导"，"我的画，是我的哥哥教出来的，你们拜我为师，亦须拜我的哥哥善子"。

"俱著政声"的民国官员

1919年，张善子偕张大千从日本归来，将张大千留在上海，拜衡阳名士曾农髯为师，学习书法，他自己则只身回到了内江老家。

回四川后，张善子却拗不过当地政府的一再聘请，历任了四川乐至、南部、阆中、乐山、蓬溪、遂宁、三台等县或盐场的知事，在盐务方面，颇多革兴。

1922 年，因张善子的政绩显著，从三台县任内直调北京，出任总统府谘议，后又陆续出任了财政部金事、国务院谘议、直鲁豫巡阅使署顾问等职。历时不长，张善子又外放察哈尔省，先后担任了丰镇、兴凉城的清丈局长、察哈尔造币厂总务科长、商都县长等。张善子在各职任内，甚得民众好评，"俱著政声"。

张善子在繁忙的政务之外，仍在不断地研习艺事，描绘丹青。此时他在艺坛上已经较有名气。平时官场同好，上司下属，也不乏求画之人。张善子在各地任内，借巡视工作之便，也尽情饱览了锦绣山川、古迹名胜，访察了民间疾苦，风土俗情。这使他增长了见识，丰富了阅历。反映在他的画幅上，也使他更为注意联系社会的实际生活，了解百姓的疾苦。

1925 年，孙中山先生逝世后，以蒋介石为代表的国民党右派篡夺了革命的领导权，进行了一系列反共反人民的猖狂活动。而在国民党各级机构内，贪污舞弊、腐化堕落的事件层出不穷，官场倾轧、争权夺利的斗争也愈演愈烈，丑闻不断。加之当时军阀割据，连年内战，人民又沉入了水深火热的深渊。正直的张善子看不惯这些黑暗现象，却又感到个人实无回天之力，只觉"不乐与不了之鸡鹜争食"，耻于再同那些鸡鸣狗盗之徒为伍。因而在八弟张大千的多次催促下，张善子遂以回家奉母为由，愤然辞去了一切职务，于 1927 年退隐上海，与大千共同潜心研究艺术。后来，虽然南北政府均曾多次促请张善子出山，但都遭到了他的婉言谢绝。然而，他却高兴地先后接受了上海艺专、新华艺专及南京中央大学等校的聘请，担任艺术教授。他决定在有生之年，为发展中国的美术教育事业，为发扬我国的传统艺术而努力。

黄埔滩头的卖画者

张善子先生虽然为官多年，却依然是两袖清风。在他退出政界后，因生活所迫及兴趣使然，即在上海等地靠写字卖画为生。因其丹青出色，生意倒还兴隆。尽管他从此成了一位名副其实的职业画家，但他的爱国之心、忧民之情，仍丝毫未懈，炽热如初。

到上海不久，张善子即同张大千一起参加了由国民党左派经亨颐先生组织的"寒之友社"。这是一个抵制当时黑暗势力的画社，社名取岁寒三友之意，参加者均是志趣相投的书画界名流，如何香凝、李叔同、于右任、柳亚子、陈树人、王祺、夏丏尊、黄宾虹、潘天寿等。社友们在此借行书作画，交流书法，研究画术，抒爱国之衷肠，倡高尚之情趣。张善子入此社后，获益良多。稍后，张善子又与谢玉岑等发起组织了"九社"，九位社友以年龄长幼为序，有汤定之、谢公展、张善子、符铁年、王师子、郑午昌、陆丹林、张大千、谢玉岑。大家经常在一起聚会，谈诗论画，切磋画艺，抨击时局，相得甚欢。

在艺术上，张善子因幼承家学，功底深厚。他成人后，又先后拜了名学者傅增湘与曾熙为师，一经名师点拨，愈觉如虎添翼。在傅、曾二师的指导下，张善子从书法着手，兼习古文，主攻书画，博采众纳，练就了一手魏碑兼隶风的浑厚有力的书法，并培养出对书画鉴定的精深造诣，深得时人注目。

20年代后期，上海美术界曾掀起过一股"学石涛"风。张善子与张大千因素喜石涛，这时更是刻苦钻研。他们以石涛为中心，兼学八大山人、扬州八怪、石谿、唐寅、青藤、白阳，以及江南诸名家的作品，从清初上窥元宋，悉得前人奥秘，成了国内研究这方面的名家。古画一且他们经手，便能断定真伪。当时上海、北京等地古画商收购了石涛等人的作品，亦多请他们评定，事后往往在画上标明："此画已经张善子（或张大千）先生过目。"以示货之不诬。由此可见，张善子之才能，在当时已成一绝。

张善子、张大千兄弟俩在精于鉴赏的基础上，苦学精研，临摹了大量石涛等人的作品，其用功之良苦，异乎寻常。学到后来，张善子兄弟对宋元以来的古典绘画达到了极为熟练的程度，他们仿石涛的画，或由自己构思按石涛技法所作的画，竟然可以乱真，即使是一些对中国画很有研究的中外人士、学者专家，也多被弄得真假难辨，纷纷视为珍品，用高价购得其仿作，当真迹妥藏饱览。为此，陈散原老人曾赞誉张氏兄弟，称他们是"画笔冠时"，而"张氏二雄"的称呼，也自此在画坛上不胫而走。

正因为张氏兄弟在艺术上的卓越成就，1931 年，在全国第一届美展之后，张善子、张大千被推举为中国唐、宋、元、明等历代名画的展览代表，代表中国美术界，双双赴日参加国际画展。

"搜尽奇峰打草稿"

一位卓越的美术家，不仅需要具有深厚的艺术修养，即所谓"读万卷书"，而且需要具有丰富广博的实地见闻，即所谓"行万里路"。石涛在其《画语录》中曾说："山川使予代山川而言也，山川脱胎于予也，予脱胎于山川也；搜尽奇峰打草稿也。山川与予神遇而迹化也。"张善子深明其理，他不但重视师古人，更注重师造化，注意向现实生活学习，向大自然学习，从祖国的锦绣河山中，吸取丰富的养料。

张善子在青年时期，就性好游览，走遍了四川各地。风景秀奇的巴山蜀水，是生他养他的故乡，也是孕育他艺术生命的摇篮；天府的人文地理、繁花茂木、珍禽异兽，给了张善子极大的启发，陶熔了他的诗情画意。在他挣脱了官场的束缚之后，张善子便如自由之鸟，畅游于天地之间。据记载，他曾经"五岳涉其四，中复两登华岳，三上黄山"。当他与大千同游黄山时，竟然流连忘返，宿在山中数月，探幽索奇，同大千用彩笔将黄山胜景一一画出，被日本艺人尊称之为近代"黄山画派始祖"。1935 年，张善子应爱国华侨胡文虎、胡文豹兄弟的邀请，赴南洋群岛及新加坡等地举行画展，从此南洋绮丽的热带风光，又给张善子的画幅增添了浓郁的异国色彩。几十年来，张善子走南闯北，寻胜访险，足迹遍及大河上下，长城内外，几乎走遍了整个中国。春光艳丽的江南，大雪皑皑的北国，波涛汹涌的三峡，直插云天的华山，都入了张善子的胸中，展示成一幅幅令人神往的画卷。这时的张善子，画艺急增，直若炉锤在手，尽脱蹊径，超妙沉雄，特具神韵。神州的辽阔大地、壮丽江山，不仅极大地开阔了他的眼界，陶冶了他的情操，更在他的心里，深深地扎下了爱国的种子，增加了对祖国母亲的无比爱恋之情。

1936 年，日本帝国主义妄图侵占整个中国的罪恶野心日益显露。在该年的双十节之际，张善子、张大千在《大公报》上发表了他们的联合作品：《天宝九如》。这是一幅十分优美的国画。张氏兄弟以磅礴的气势，火热的激情，细腻的笔触，画出了祖国的锦绣河山、美丽的风光与富饶田园，还画出了迎风挺立的苍松翠柏，象征着古老的中华民族不畏风暴，万古长青。这幅作品随报纸分送到千家万户，引起了无数读者心中爱国主义思想的极大共鸣。人们争相传阅，奔走相告，如获至宝。张善子兄弟俩通过这幅画，表达了他们对祖国母亲的强烈之爱，呼吁国人时刻保持对日寇战争阴谋的高度警惕，受到了广大人民群众的极大尊敬和欢迎。

从"张猫猫"到"张老虎"

通过"外师造化，中得心源"，张善子不仅在山水画上自具特色，而且他的人物、花草、虫鱼等画也无不精妙。他的山水比唐六如、邓穆倩；人物如陈老莲、张大风；走兽赛李龙眠、赵松雪。世人皆知张善子擅长画虎，其实除虎之外，他还善于画马、牛，曾有《八骏图》、《五牛图》等诸册行世，尽皆佳品。此外，狮子、黑熊、猿、犬等走兽他也多入画图，而据许多老画家的回忆，在我国画家中第一个画熊猫图的，也要推张善子先生。

张善子在一生中，最爱画虎。用猛虎抒其志，将宏愿寄丹青。张善子曾自述，他画虎是从青年时就开始的："是我在日本时立下的志愿，简单说一句，不过为提倡尚武精神。"在中年以后，张善子笔下的老虎，色彩斑斓，神态逼真，刚柔相济，威武雄猛，真所谓"虎虎有生气"，达到了出神入化之境，在艺坛上享有极高的名声。张善子取得这些成绩，也决非一日之功。在崎岖的艺术道路上，他也曾经历过曲折的过程。

早在 1922 年，张善子曾经画了一张虎图。他在重庆大街上把这幅画挂出来，标明售价 1200 元，这在当时是笔了不得的巨款，因而引起了轰动。人们观后，大失所望，评头论足，意见纷纷，甚至有人毫不客气地说，他画的不是虎，而是猫。此话流传开来，遂有人戏谑地称他为"张猫猫"。此事给了张善子极大的刺激与启发，他决心按照行家和众人所提出的不足，下功夫苦练。

经过一段时间的努力，张善子的画虎艺技有了长足的进步。1923年，他在阆中县锦屏山画了两块虎碑，系单线白描，线条刚劲，气势雄伟，分别命名为《上山虎》与《下山虎》，并各题了一首诗。前者写道："眈眈虎视遍西东，瓜豆河山在眼中。狮睡至今犹未醒，将来谁是主人翁?"后者写道:"天地英雄气,只在此山中。循环不可测,林暗草惊风。"画下还镌有张善子的名言:"一钱不值,万金不卖。"这两幅虎画与题诗,表达了张善子的爱国主义思想,达到了思想性与艺术性的统一,可谓诗画俱佳。

然而,单线白描还不能反映出国画的笔墨层次及用色丰富。受五代画虎名家厉归真遁入深山观察活虎的事迹启发,张善子决定豢养老虎,以入画图。张善子养虎是在成都开始的。约在 20 年代后期,他托人从日本买回一只小虎,运到成都,亲自饲养,日夕观察,临虎作画。尽管由于初养无经验,虎所食牛肉当时成都不易得,该虎只养了三年就死去,但通过与虎的朝夕相伴,却使得善子的画艺大增,获益匪浅。在我国画界中,张善子亦称得上是驯养活虎以作画本的第一人。

1930 年春,张善子出于对黑暗时局的不满,采用《西厢记》里的十二句艳词,合画了 12 张虎图,取名《十二金钗图》以讽世。在图上,12 只吊额大虫或踞或立,或媚或怒,或长啸,或鼾睡,各姿各式,极尽变态。其师曾农髯先生见后,惊喜于色,专为画题词曰:"嗟乎,善子其善以画讽世者欤?去岁来沪,携其平日所画虎,大者丈余,小者数尺,或写群虎争食,喻当道贤者,或写犬而蒙以虎皮,喻贤者中之又贤者。磋乎张生,何讽世之深耶?……"由于《十二金钗图》借群虎把害人虫当道、"苛政猛于虎"的社会现实暴露得淋漓尽致,抒发了人民愤懑的心声,因此该图公展之日,观众拍手称快,赞叹不已,人心共愤,张善子亦由此声名大振。

1934 年,张善子与张大千在北平举行了画展。张善子展出了一幅丈二巨虎,名《黄山神虎》,吸引了许多的观众。画面上,顶端是数条瀑布飞泻而下,浪花飞溅;中间是白云霭霭,如絮如烟;下右端则是苍松树梢,在寒风中抖瑟,只见一只巨虎从山顶上猛扑下来,怒目张牙,虎威逼人,如闻狂吼,天地摇曳。立在画前,观众每每蹑足。画上还题了一首七绝:"石涛画松能画皮,渐江画山能画骨。两师黄山住半生,未见当年此神物!"这幅画本为非卖品,经多方说合,最后被宋哲元将军以两千块银圆购去,此事震动了全国艺坛。江东杨云史先生曾有诗赞善子之虎画曰:"画虎先从养虎看,张髯意态托毫端,点睛掷笔纸飞去,月黑风高草木寒。"自此,张善予先生的"虎痴"称号,闻名全国,画界中有不少人甚至直称他为"张老虎"。

但是,张善子深知,艺术无止境,因而他虚怀劬学,继续向艺术高峰奋进。自1932年始,张善子就与张大子同住在苏州网师园内,兄弟俩日日研诗作画,相互切磋,艺事日进无已。1935年,友人吴宗信在贵州捕得两只乳虎,愿以一只相送,善子闻之大喜,急率儿子心德星夜由苏赴黔将虎接回,命名"虎儿",张善子精心喂养,爱不待言。该虎也颇通人意,日不离善子左右,夜则在其榻下而眠,见者无不心惊。张氏兄弟从此常在网师园内,命"虎儿"做出各种姿态,对虎写生,画稿盈篚。张善子通过长期的观摩与苦练,虎画已烂熟于胸,信笔涂去,即能将山大王的各种雄风,表现得惟妙惟肖,形神兼备,人称神来之笔,为中国画坛增添了奇异的光辉。此时张善子的画虎,已经炉火纯青。散原老人陈三立先生曾有诗赞善子昆仲的《养虎图》曰:"二张画笔冠时名,画虎兼资养虎成,视以善心无异类,愿推仁术问苍生。"

"以笔写出吾之忠愤"

1937年7月7日,卢沟桥事变爆发,日本帝国主义发动了大规模的侵华战争。"八一三"之后不久,上海、南京相继失陷,住在苏州的张善子忧心如焚,他对日寇的侵略极其痛恨,誓死不当亡国奴。他毅然抛弃了财产和收藏,率家人匆匆西上,先到安徽郎溪,次回四川重庆,继赴云南昆明。在这次战火中，张善子平生所收藏的古代名人字画等珍贵物品，几乎丧失殆尽；他曾对友人说道："丈夫值此机会，应国而忘家。此次我来郎溪，生平收藏存在苏州网师园内，皆弃之如土，以今日第一事为救国家于危亡，万一国家不保，虽富拥百城，又有何用？恨我不是猛士，不能执干戈于疆场，今将以我的画笔写出我的忠愤，来激励志士，为海内艺苑同人倡！"张善子的耿耿丹心，满腔碧血，跃然于言词之内。

张善子是这样说的，也是这样做的。在艰辛的西撤道路上，张善子时刻不忘救国，他的画笔一直没有停过。无论是在颠沛的旅途中，还是在昏黄的旅店里，张善子总是手不停笔，画了许多虎画分赠给前方将士和友人，鼓励他们发扬雄风，奋勇杀敌。到达武汉后，张善子闻讯国共第二次合作已经形成，全国一致团结起来抗日救国，感到极为兴奋。他立即去商店买回一匹长二丈、宽一丈二尺的白布，张挂在寓所墙上，构思创作巨幅国画《怒吼吧，中国》。不久，日军逼近武汉，敌机空袭不断，张善子又撤退到宜昌，住在三弟张丽诚的家中。在宜昌时，张善子置辛酸简陋的流亡生活于不顾，对敌机的狂轰滥炸于不理，把自己的全部身心，都投入进这幅巨画的创作之中。就在这幅图画即将完成的那天傍晚，全城又响起了凄厉的空袭警报声，人们纷纷进入防空洞内躲避。但张善子先生却岿然不动，继续奋笔疾挥，把自己的希望与愤怒，都饱和在颜料里倾泻到了画幅上。当时，正有一名国民党的飞行员前来看画未走，见此情景十分感动，他热泪盈眶地向张善子先生敬礼说："张老，您就安心把画画好吧，等我去歼灭敌机！"张善子就在这远近隆隆的爆炸声中，伴着冲天的火光，完成了这幅巨作。

这幅花了张善子先生四个多月心血的力作，构图雄伟，笔法谨严，感情强烈，气吞山河。图上是二十八只猛虎，奔腾跳跃，正追逐扑吞着一线落日。老虎象征着当时中国的二十八个行省，威武勇猛，生气勃勃；落日代表了日寇，已经夕阳西下，一息奄奄。张善子还以他特有的刚劲书法，在画上写下了"怒吼吧，中国"几个大字，并题词道："雄大王风，一致怒吼；威撼河山，势吞小丑！"当天晚上，他曾充满信心地对人们说："你们看，中国二十八个行省都怒吼了，小日本焉有不败之理！"后来，为了纪念这件作品的完成，张善子还站在画下请人拍照。照片中，浓髯长袍的张善子与这幅巨作融成了一体，大义凛然，慷慨豪迈，显示了炎黄子孙不可侵犯的威严气派。

"正气歌成正气图"

1937 年底，张善子率家人到达重庆。他接受了老友、当时国民政府赈济委员会主任许世英的邀请，参加了该会的抗日救亡、赈济难胞的工作。数月后，张善子先生来到昆明，住在他学生的家里，集中精力绘画，宣传抗日，宣传爱国主义。弦高、苏武、岳飞、文天祥、史可法、戚继光……这些中国历史上的爱国主义英雄人物，都是张善子一生所景仰的对象。特别是南宋丞相文天祥最得张善子崇敬。在这段时间里，他以我国历史上著名的爱国故事和爱国英雄为题材，不顾劳累，日夜赶画，连续创作了许多优秀的画幅，如《弦高犒师》《苏武牧羊》《精忠报国》《文天祥正气歌图》等，并画出了《正气歌》中的十二幅人物画像及四维八德人物画像，以借古抚今，动员抗战。张善子还在自己所画的《文天祥像》上写道："要效文文山先生，发民族精神！"

就在这些绘画完成以后，张善子即在各处举行了《正气歌人物图巡回展览》，宣扬中华民族的爱国主义优秀传统，呼吁人们以历代的爱国志士和民族英雄为榜样，积极投身到今天的抗日救亡斗争中去，保卫祖国，英勇奋斗。张善子先生的这些正义行动，充分表现了中华儿女的爱国主义思想情操和忠义精神，因而得到了社会各界和人民群众的极大支持。杨云史先生又有诗赞张善子曰："轶辙齐名昔两苏，蜀山再见二雄具；丹青有力明尊攘，正气歌成正气图。"

1938 年 8 月 13 日，正值上海"八一三"事件一周年纪念。张善子回想起日寇占领中国土地后所犯下的种种暴行，怒火中烧。他以两大幅素帛合成巨幅，飞笔挥毫，义愤形于颜色，画雄狮怒目狂吼于富士山下，题名《中国怒吼了》。画幅上，只见一头硕大无朋的巨狮，鬃须怒张，双目如炬，狂啸愤号，巍然雄峙；雄狮的四只如柱巨足，正齐踏在日本富士山上，把富士山只压得山崩土溃，泥沙俱流，似乎马上就要陷落下去。

张善子先生的这幅《中国怒吼了》，主题鲜明，生动感人，是我国美术界在国画形式上，开了抗战宣传画之先河。故当此画展出之时，观众万头攒拥，人心个个愤激，人们无不摩拳擦掌，决心为保卫祖国争先杀敌，誓把抗战进行到底。

出国义展宣传抗战德艺高标蜚声中外

1938 年底，张善子先生在周恩来副主席、国民政府主席林森、赈委会主任许世英等人的赞助下，准备出国举行画展，宣传抗战，并募集抗日捐款。为了出国宣传等工作的方便，张善子扬言遵从母亲遗命，于 12 月 8 日在重庆接受了天主教的洗礼，取圣名叫安琪。12 月底，张善子携带了自己和大千以及他俩合作的作品共一百八十多件，赴欧美开展宣传与募捐。这次出国，由于张善子先生的卓越才华和高风亮节，使他有了广泛的世界性影响，赢得了国际友人的极大尊重。

1939 年 1 月，张善子抵达法国，随即在贡格惹德堡正式举行了《张善子、张大千兄弟画展》，受到了法国人民的热烈欢迎，盛况空前。当时的法国总统勒勃伦曾亲往参观，赞扬张善子为"东方近代艺术的代表",并对张善子先生热爱祖国的行为表示钦佩。

同年 4 月,张善子抵达纽约。不及休息,他即奔赴美国各地举办画展,还深入到各大学和群众团体进行讲演,宣扬我国的传统文化艺术,宣传介绍我国人民的抗日斗争,呼吁世界人民紧急行动起来,制止日本帝国主义的侵略,支援中国人民的神圣抗战。在这些展览会和讲演会上,张善子还常常当众挥毫,公开表演,并举行义卖。他常说:"多卖出一张画,就多一颗射向敌人的子弹,多一份支援祖国抗战的力量。"他画的多是老虎,寓意着中华民族不可辱。美国的各地民众,对于张善子先生的爱国主义高尚情操,表示了极大的敬重;而对他当众展现出来的娴熟、高超的东方艺术技巧,更是齐声喝彩,如醉如痴,为之倾倒。

张善子先生的美国之行,轰动了美国朝野。当时的美国总统罗斯福及夫人曾多次请张善子赴白宫做客,将他奉为上宾。当罗斯福总统代表政府宣布废止《美日商约》之后,张善子为了答谢美国对中国人民抗日战争的声援和支持,发展中美两国人民的友谊,专门精心画了几张巨虎图,题名《中国怒吼了》,分赠给罗斯福总统及国务卿等人。罗斯福欣喜异常,对此视为奇宝,特别吩咐将此画挂在白宫林肯像侧,至今犹存。以中国平民画家进入白宫,并得到如此之尊重与荣誉者,亦要以张善子先生为第一人。

张善子在美国时,除画了大量威风凛凛的虎画之外,他还以天主教徒的身份,创作了许多取材于《圣经》故事,寓意正义战胜邪恶,光明驱除黑暗的作品,赠给美国的一些宗教团体与学校,受到了美国宗教界的热烈欢迎,张善子由此也得到了他们对中国人民进行浴血抗战的理解、同情与支持,并募得了大量的捐款。

光阴瞬忽,张善子出国奔波宣传已近两年。在这近两年中,他举办了一百多次画展,而他个人所作的宣传、讲演等更是不计其数,前后所募得的款项总共达到了一百多万元，其中仅他个人的义卖画虎就得款十余万美元。张善子先生把这笔巨款全部寄回国内，支援祖国的抗战事业，自己从未从中染指过一丝一毫。当时的《新华日报》、《大公报》等进步报刊，均对张善子先生的高尚品德和赤诚的爱国主义精神，给予了很高的评价。张善子由于自己炉火纯青的精湛艺技，还赢得了西方美术界和外国友人的极大敬重。美国纽约的佛恩大学曾以荣誉法学博士的称号特别授赠张善子，华盛顿黑人大学、芝加哥艺术学院、哥伦比亚艺术学院、纽约女子美术专门学校等单位也纷纷先后聘请张善子担任他们的名誉教授。罗斯福总统夫人曾尊敬地称张善子为"世界艺术教授"。张善子先生为祖国和中华民族，为我国的古老传统艺术，争得了荣誉。

为中华之崛起鞠躬尽瘁

在国外期间，尽管张善子在各地都受到了热情的接待，但由于工作的万分劳累，他年近花甲的身体早已日益不支。张善子在衰弱中，更是日夜思念还弥漫在战火硝烟中的祖国。他谢绝了美国医生要他在国外疗养一段时间的建议，更拒绝了一些外国机构请他留在国外从事艺术、有较高职位和享受优厚待遇的聘请，而是归心似箭，渴望早日回到祖国的怀抱。1940年9月2日，张善子先生结束了在国外的宣传、募捐等工作，满载着中美两国人民的友谊，抱着病体，风尘仆仆地归国了。

9月25日，张善子先生抵达香港。可是，他却无法继续上路，因为他除了随身携带的展品之外，已经身无分文。张善子为国"宣劳奏绩，载誉归来，而萧瑟若是"的窘况，引起了香港各界人士的关注。在此前后，有人曾提出叫他出卖展品，一幅可得万金，张善子却怫然斥之，谓"不欲受此私益"。因为在他看来，这些展品已成了宣传抗日的有力武器，它们已经不再属于个人私有，他还要借用它们再去打击敌人。最后，还是靠在香港举行临时画展所收得的门票钱及友人的资助，张善子才购买了一张飞机票，得以继续踏上回归的路程。张善子先生这种为国忘私的磊落胸怀与优秀品质，一时盛传港九，受到了香港同胞的尊敬。

10月4日，张善子由香港飞抵重庆，得到社会各界和许多团体的热烈欢迎。《新华日报》等各种报刊都登载了张善子先生回国的消息，并对他不辞艰辛，远洋万里，为国家筹赈宣传，"收获成绩极为美满"，取得"国际影响至巨"的情况，给予了详细的报道和很高的评价。有的报纸甚至专文评论，称赞他是"第四战线的英雄战士"。在一片鲜花与赞扬声中，张善子先生始终虚怀若谷，只是一再谦虚地说："天下兴亡，匹夫有责，我不过是尽了一点黄帝子孙的微力而已。"

回国后，张善子先生十分兴奋。他不顾身体的疲劳和衰弱，日夜举行报告会、座谈会、接待会等，汇报出国宣传工作，介绍世界抗战局势，鼓励人们团结一致，把抗日战争坚持下去，必将取得最后胜利。由于长期的过度劳累，张善子先生早已积劳成疾，加之回来后又患了痢疾及糖尿病并发症，他竟在10月中旬一病不起。就在他回到重庆的短短15天之后，1940年10月20日清晨，张善子先生经治疗无效，终于撒手人寰，溘然长逝于重庆歌乐山宽仁医院，享年58岁。

张善子先生逝世以后，引起了陪都社会各界和广大人民群众的深切悼念，人们称他是中国"真正的爱国大画家"。出殡那天，山城十里长街，一片哀痛。群众手捧白花，高悬祭幛、挽联，燃起香蜡纸烛，痛悼这位把一生都献给了国家与民族的杰出艺术家。张治中将军曾赠挽联曰："载誉他邦，画苑千秋正气谱；宣劳为国，艺人一代大风堂。"于右任老先生也满怀悲痛，挥毫写下了"名垂宇宙生无忝，气壮山河笔有神"几个大字，以表示对张善子逝世的哀思。

张善子先生的崇高爱国精神，永垂青史。

美术大师柳子谷的坎坷人生路

方 岩

1996 年 10 月 17 日，一个由中国美术家协会、中国画研究院等单位破例为一位非中国美协会员画家举办的最高级别的画展正在中国美术馆进行。一切都显得非同寻常。美术馆里，闪现着一个个熟悉的身影。迟浩田、程思远、萧克、谷牧、洪学智等诸多老同志挥笔为画展题词，邓力群、荣高棠、赵健民、王琦、廖静文等为画展剪彩。

这个非同寻常的画展，就是柳子谷先生遗作展。

1901 年，柳子谷出生于江西玉山县一个书香人家。其祖父是前清秀才，其父亲在乡里举办私塾，还颇通医术。柳子谷自幼就对书画表现出浓厚的兴趣。他用好奇的眼睛，注视着周围的一切，树木、池塘、房屋、牛羊，都被他用稚嫩的笔悄悄摹绘。甚至，当他受继母欺凌、暗自伤心流泪时，望着自己蘸着泪水画的小耗子，竟笑出声来。在父亲的熏陶下，伴着画笔，柳子谷渐渐长大。15 岁，他成了乡里有名的小先生，写得一手好字，出口成章，四周乡邻争相请他题春联、作碑文。

1924 年，柳子谷辗转来到上海，考入上海美专。当时的上海美专，名师荟萃，刘海粟、黄宾虹、潘天寿都任教于此。在这里，柳子谷接受了系统的美术教育，尽情地在艺术天地中遨游。

当时，柳子谷家道中落，已无力供他上学。校长刘海粟怜惜这位深具艺术天赋又刻苦用功的年轻人，不仅免去他的学杂费，还介绍他给书肆邑庙，画一些扇面来维持生活。黄宾虹、潘天寿等也很喜爱这位天资聪颖的学生。黄宾虹经常亲自指导柳子谷作画，还把他精心收藏的大量古今名家字画，供柳子谷精心揣摩，他还与潘天寿一起，领着柳子谷去拜访当时海派画坛领袖吴昌硕、谢公展等国画大家，聆听他们的教诲。

得益于名家指点，吸吮着丰富的艺术营养，柳子谷的画艺日渐成熟。从上海美专毕业后，经过一段短暂的从军，1928 年，柳子谷来到南京，开始了职业画家生涯。短短几年间，他便以精湛的绘画技艺名噪沪上与金陵，在那里，他与张叔旗、徐悲鸿成为至交，三人独秀艺林，并称"金陵三画家"。在南京，他还结交了许多文化名人如于右任、柳亚子、经享颐、陈树人等，以及民国许多要人及社会贤达，像李宗仁、李济深、冯玉祥、陈立夫、邵力子、蔡元培、马寅初、林伯渠、张治中等，他们都曾向柳子谷或索或买其作品。李宗仁竞选总统时，还包下柳子谷的画作为礼品。

柳子谷的画，根植深厚的中国传统文化而又极具个人特色。他继承了传统文人画的精髓，将诗书画融为一体，是个"全能型"的画家，山水、花鸟、人物俱精，诗书修养全面，尤其擅长画竹。蔡元培曾称其为"画竹圣手"，徐悲鸿则赞其竹"画到朦胧翠欲滴，先生墨妙耐寻思"。早年写竹，他师承郑板桥，青年后，随着视野的扩大，则上追宋、元、明诸家，又融入自己对竹的观察，另创一格。30 年代，徐悲鸿在南京中央大学艺术系任系主任时，曾请柳子谷去为学生示范画竹。柳子谷先演示了竹子的竿、枝、叶、节的各部画法后，将纸横放、饱蘸浓墨，边走边挥洒，顷刻间，一幅水墨淋漓的墨竹跃然纸上。徐悲鸿见后，击节赞赏，并改变了自己画竹的方法。柳子谷笔下的竹，不但有风花月夜下的晴竹，也有雪竹、风竹、雨竹及四季时节的竹。

柳子谷不但中国画功力深厚，早年在上海艺专学习时，还打下了深厚的西洋绘画技法基础。在南京时，徐悲鸿与他泛舟玄武湖，两人换笔写生。徐用毛笔，柳用炭笔，画毕，徐对柳的绘作惊讶不已。柳子谷作画，讲究抓住临摹、写生、创作三个环节，创作态度严谨。他在创作中，还注意研习、借鉴了不少日本画风。柳子谷早年转益多师，加之后来的勤奋和才华，使他的画独辟蹊径，在中国画坛卓然独立，自成一体。

1934 年冬，柳子谷的首次个人画展在南京中山饭店举办，展出其多年创作的山水、花鸟、人物精品 200 余件，当时居住南京的各界要人几乎都参观了画展，仅五天时间，展品全部被订购一空。冯玉祥、蔡元培等都为画展题诗祝贺并选购画作，远在上海的张大千、高剑父、梅兰芳等艺苑名流纷纷赶来祝贺，柳子谷再一次名震金陵。

从那时起至新中国成立，柳子谷一共举办了 11 次大型个人画展，都大获成功，他的名字，多次被列为当代大师收入《中华民国美术年鉴》；他的作品，被争相集辑出版。

命运之神与柳子谷开了一个大大的玩笑，荣誉的乐章在他盛年之际戛然而止，他的后半生，似乎从中国画坛销声匿迹，中国画坛，也似乎将他遗忘了。

1949 年，客居杭州，以卖画为生的柳子谷迎来了解放的新中国，为了抒发内心的喜悦之情，柳子谷创作了大型张《竹林图》，题词曰："百年大旱，适逢甘霖……"怀着这种"久旱逢甘霖"的心情，柳子谷满怀希望和憧憬，开始了自己的新生活。1950 年，经马寅初推荐，这位三四十年代的上海美专教授、南京美专国画系主任重拾教鞭，来到东北，先后任教于大连四中、沈阳师专及辽宁艺专。在东北，柳子谷满怀激情，创作了大量反映新生活的作品，也是在那里，他开始了坎坷的后半生。

1952 年，抗美援朝战争开始，全国人民的拥军爱国热情也感召了柳子谷。当常香玉率团义演，以其所得向志愿军捐献一架飞机的消息传来，柳子谷再也按捺不住自己。他找到东北画家朱鸣冈、罗叔子，提出三人举办联展书画义卖，以所得捐献国家。三人书画展顺利进行，柳子谷的画好评如潮，短短几天，就被订购一空。柳子谷满怀喜悦，连日赶画义卖。正在这时，一盆冷水兜头泼下，他所在的学校领导找到了他，勒令他立即停止义卖，因为他"有历史问题，不具备参与此类活动的资格"。柳子谷不理解，为什么自己连爱国的权利都没有了？望着满室画稿，多少年来，第一次，刚毅的他流下了眼泪。自此至 1979 年，柳子谷极少有机会发表作品、参加社会活动。柳子谷，似乎从画坛销声匿迹了。

在柳子谷的档案中，有这样一段记载：20 世纪 30 年代中期，供职于国民党中央党部；1938—1940 年，任湖南通道及绥宁两县县长。

这，就是他的全部"历史问题"。

30 年代初期任中共中央机要一处主任，后任周恩来总理机要秘书的革命老人张纪恩，20 世纪 80 年代中期撰文回忆了他与柳子谷的交往经过：1936 年，我党一位同志在上海被捕，因"案情重大"，被解往南京司令部，我奉命赶往南京设法营救，当时，柳子谷挂名于国民党中央党部训练部。经友人介绍找到他时，出乎我的意料，柳子谷一口承诺，挺身而出，进行营救，遂使这位同志得以判处轻刑。在营救过程中，柳子谷正直、热情、富于正义感的精神，至今令我感念不忘。从此，我们不时有所过从。柳子谷虽在国民党中央党部训练部，但他终日伏案作画，国民党中有人说他不务正业，"挂羊头卖狗肉"，柳子谷一笑置之，作诗云："雷鸣瓦釜太纷纭，傲骨生成玉石分。闻达不求羞肉食，闲时供养有烟云。"在国难民穷的时代，他创作过《水灾图》、《流氓图》等作品，受到舆论界的赞扬。

柳子谷的县长史，也尤有说头。1938 年张治中任湖南省主席，提出建设"廉政勇勤"的"模范省"，举用了一批文化名人，柳子谷也在其中。在任上，他勤政爱民，废除苛捐杂税，颇得民心。他以书生文弱之身，设计智擒当地一有名的土匪恶霸，安定了民心，一时传为美谈。时年正值饥荒，柳子谷又画竹义卖，所得颇丰，全部用于赈济灾民。1940 年，张治中改革流产，柳子谷遂辞职返回故里，路资皆为沿途卖画所得。他带回的四个大木箱里，除衣物、行李外，全是书画纸砚，别无长物，所见之人无不感叹他的两袖清风。

这些，柳子谷都向组织原原本本地汇报了。1952 年，上级组织将他定性为"历史清楚，属一般历史问题"。

尽管有了第一次打击，但柳子谷并未消沉，他坚信，自己爱国没有错，他以更大的热情，投身创作之中。

1956 年，由朝鲜战场回国的军旅青年画家满健，遍访东北名师，找到了正在沈阳任教的柳子谷，提出联合创作一幅反映抗美援朝战争的画卷——三千里江山。柳子谷一口应承。用中国传统画法反映现代战争场面，这在中国画历史上绝无仅有。在没有任何成品可以借鉴，又无亲身体验的情况下创作，谈何容易。柳子谷面临着巨大的挑战，面对满健带回的一幅幅速写、一张张草稿、一帧帧照片，柳子谷苦苦思索，细细琢磨。河流、山川如何布局，人物、器械怎样安插，千头万绪，一齐涌上心头。终于，柳子谷胸有成竹。1958 年，历经三年时间，耗尽无数心血，柳子谷在满健草图的基础上，成功地进行二度创作，完成了中国画《三千里江山——抗美援朝二次战役歼敌图》的绘制工作。这幅长卷共27 米，气势磅礴，宏伟壮观。画面上，河流山川历历在目，人物、现代重型武器栩栩如生，成功地再现了抗美援朝战争的激烈场面。这幅画创作完成后，呈送给当时的军委领导，受到高度赞赏。他们一致认为，这幅画的内容已不仅仅是二次战役的反映，它较好地概括了抗美援朝战争的全貌，经原志愿军政治部主任杜平提议，这幅画被更名为《抗美援朝战争画卷》。

当年，这幅长卷在沈阳展出，立刻引起轰动。人们惊叹，原来，中国画也有如此表现力，可以展现如此宏大的现实生活场景！柳子谷完成了一件所有的中国画家想完成而又未完成的事情。柳子谷骄傲、自豪，他沉浸在喜悦之中。然而，他没有想到，厄运，再一次来临了。

1959 年，作为国庆十周年全国美展东北地区重点推荐作品，《抗美援朝战争画卷》即将送往北京。正在这时，沈阳师专一位年轻教师的一句话，改变了这幅巨作的命运。"这是在为彭德怀树碑立传！"一句话，画卷被匆匆撤出展厅。柳子谷抱着自己心血凝聚的作品，默默地回到了自己的小屋。这一次，他没有流泪，他的心中，奔腾着无尽的悲哀。自此，这幅画蒙尘 20 载，直到 1985 年，柳子谷将它捐献给北京中国军事博物馆，成为博物馆的珍藏品。

打击，接二连三地到来，柳子谷却没有倒下，他执着地用画笔描绘着身边的一切，也在无形中完成了自我肖像，展示了他的风骨。

20 世纪 50 年代末、60 年代初，柳子谷生活于辽宁。在那里，他深入山区写生，完成了自己的又一重要作品——人民公社画卷《山村新貌》。这一画卷长十米，人物、山水造型优美，笔法细腻，过渡自然，丝毫不显人工雕琢，充分显示了长卷的魅力，是一幅不可多得的反映现实生活的作品。作品完成后，由于无处发表，它静静地陪伴主人几十年，直到柳老先生辞世。

1962年，一直为柳子谷际遇鸣不平的张纪恩上书周总理，经总理批示，中央统战部部长徐冰将柳子谷介绍给当时正在为山东艺术院校网罗人才的山东省副省长李宇超。柳子谷接受邀请，来到山东，任教于山东艺专（山东省艺术学院前身）。

在山东，柳子谷先生潜心教学，将自己一生所学，倾囊传授给弟子，为山东培养了大批艺术人才。柳老当年的学生，如今也都已两鬓斑白，说起敬爱的老师，他们唏嘘不已。课堂上，柳子谷手把手地教学生如何剪裁笔锋，详细讲解不同质地的画笔的不同用法，狼毫画什么，羊毫画什么……他将自己的绘画过程——做成分解图，教学生着色、构图的诀窍……这些都是他多年作画的经验所得，是一般画家所不愿传授的。

平静的教学生涯没过几年，1966年，史无前例的"文化大革命"开始，柳子谷在劫难逃。他被打成"敌伪特务"、"牛鬼蛇神"。他挨批斗、关牛棚，他看过收发室，打扫过楼梯、茅厕，年逾花甲的老人饱受折磨。而他最痛心的，却是被剥夺了创作的权利。多少年后，他对孩子感慨着："十年了，我没有握笔。"

在他的床头，挂着一条横幅：眼前得失无经记，历史是非自分明。他将这作为自己的座右铭，以之自慰，同时勉励别人。

"你可以夺走我的画笔，但你夺不走我的思维。"苦难中，老人一刻也没有停止思考，他不停地观察、构思，同时悄悄地搜集材料，为将来撰写画论、回忆录做准备。

1978年，十一届三中全会召开，柳子谷如沐春风，在他生命的最后几年又迸发出惊人的创作力。

年近八旬了，他还坚持去趵突泉公园写生，去观察壁上的藤萝。他看风中的藤萝，看朝阳中的藤萝，看晚霞中的藤萝，终于，他画的藤萝成为一绝。他到万竹园观竹，对着竹林，入了定，发了痴，普普通通的竹叶在他眼中焕发出万千光彩。发现形状殊异的竹叶，他忙小心翼翼地剪下，夹在书里，如获至宝，带回家反复把玩。学生送给他鱼虾，他舍不得吃，养在缸里，观察鱼虾嬉戏游玩的神态；他养着一窝鸡，没事他就用菜叶逗鸡，抱着画板追逐着鸡群写生，被老夫人斥为"老疯子"。在他的晚年，他又创作了大量炉火纯青的艺术作品。1980年春节，他画劲竹图，题曰："八十初春画竹枝，生逢大有作为时。老竿犹有冲天劲，揽月九天向往之。"1985年，他将一幅精心绘制、题有"天欲坠，赖以柱其间"的四尺整张《磐松图》，送给邓小平同志。

然而，不幸还是不可避免地给柳子谷的生活留下了太多的遗憾。"文革"中，柳子谷先生受迫害，和老伴蜗居于八平方米的斗室，一住就是十来年，这极大地限制了柳老的创作。一次，柳老拜访济南市文联主席吴泽浩，在他的家里，看到了他居住的18平方米的房子。老人羡慕极了，不由说了一句："我要是有这么大的房子，能创作出多少大画、好画啊！"限于条件，柳老的晚期创作大都篇幅有限，最大者不过六米，这不能不说是一个巨大的遗憾。尽管如此，柳老不以为意，他说："方寸容天地。"

柳老没有想到，在他的有生之年，他会再一次流泪。

1983年，刘海粟先生游历山东，来到济南，住在南郊宾馆。听到这个消息，柳子谷激动极了。师生都已白头，来日无多，相见的机会更少。今天，老师来到了家门上，柳子谷多么想把老师接来，尽一尽地主之谊，叙一叙相见之欢啊。可是，看一看自己居住的八平方米斗室，柳子谷的心沉了下来，八平方米斗室，何以待客？柳子谷长叹一声，终于决定不见。那一边，刘海粟先生也正大光其火，他所到之处，哪个学生不赶来拜见，唯独这个柳子谷，生不见人，死不见尸，是何缘故。他向有关部门提出，点名要见自己的这个学生。柳子谷诚惶诚恐地来了。望着银发满头的老师，柳子谷的泪水夺眶而出。刘海粟对柳子谷的境况也已有耳闻，望着这个饱受委屈，同样白发苍苍的学生，刘海粟也禁不住老泪横流。两个人紧紧抱在一起，唏嘘不已。那一次，柳子谷送给刘海粟一幅大型《竹鸡图》，祝老师长寿，刘海粟当场向众人展示，赞道："你的竹鸡无与伦比。"同时，刘海粟赠柳子谷一帧条幅，上书：青山不老松长翠，雪压霜欺只枉然。题曰：子谷老弟存念。

1986 年 1 月 12 日，柳子谷在睡梦中安然辞世，享年 85 岁。临终，仍未恢复教授头衔。

在柳子谷先生辞世十周年之际，他的遗作展在北京、在山东受到了人们的关注。他的画在中国美术馆展出期间，参观者络绎不绝。五天时间里，中国美术馆迎来了近万人次的观众，创下了历年之最。这其中不乏一幅幅动人的画面。一位 70 岁的老者，连看了四天画展。他在柳子谷的画前流连，不住赞叹："好东西啊，好东西。"一对在航空公司供职的年轻夫妇，头天在画馆看了一下午，第二天，第三天又自备食物，在展馆里待了整整两天。一群青年学生，看了画展后激动不已，在留言簿前沉思良久，写下"大开眼界"四个大字；人民美术出版社出版的《柳子谷画辑》及小型画册，展出期间被抢购一空。

据悉，荣宝斋的书画鉴赏家，收藏家对柳子谷的作品评价颇高，已决定为柳子谷出版大型画册，这是只有大师才能享受的殊荣。柳子谷若地下有知，也会感到欣慰了吧。

何香凝书画艺术与爱国情怀

————

王俊彦

何香凝，不仅作为民主革命的先驱、国民党左派、杰出的政治家而闻名四海，作为一名国际知名的艺术家，她的名字也彪炳史册。她的书画艺术，对近现代中日关系的发展产生过深远的影响。

一

何香凝早年与廖仲恺在日本追随孙中山从事革命活动，1905年加入同盟会成为骨干。何香凝是第一个女性会员。她不但倾囊援助孙中山，而且把他们东京的家作为同盟会的秘密活动场所和联络机关。何香凝虽然出身豪门，不会干家务，不会说普通话，与大家沟通起来颇有困难，但是她那颗年轻火热的心与革命党人是相通的。

何香凝是在孙中山的指导下，为革命而走上美术创作道路的。孙中山在东京组织起革命组织"同盟会"后，决定在全国各地发动轰轰烈烈的推翻清朝封建统治的武装起义，这就需要军旗和安民告示及军用票，但是却没有人能够设计，孙中山慧眼识人才，特意选中具有美术潜质的同盟会员何香凝进入东京本乡女子美术学校学习，何香凝没有想到自己竟然因此一生走上与革命事业息息相关的绘画之路。

何香凝服从革命事业的需要，在本乡女子美术学校师从川端管子先生学画山水、花卉，同时向日本著名画家、帝室画师田中赖章学画狮子、老虎等动物画。何香凝才华横溢，小时候就喜欢中国画，加上川端管子、田中赖章等名师指教，因此绘画艺术很快起步，栩栩如生的雄狮、猛虎、顽猴跃然纸上；秀丽的山水，灿烂的花卉，高雅的菊花，岁寒不凋、百年常青的苍松，寒冬不谢、冷而弥香的梅花，奇迹般地从何香凝的画笔端流出。何香凝不但画菊，还将其用绢黏糊在厚纸上，砌成形形色色的菊丛，使她的画具有浓厚的日本画风格。何香凝乐观开朗的性格与画风密切相关，她喜爱明亮艳丽的色彩，画中形象便多半生动活泼，反映出何香凝虽然经常追随孙中山颠沛流离亡命奔波，但是对她拥有与廖仲恺一起跟着孙中山过革命生活的愉悦，心情是开朗舒畅的。

在廖仲恺的大力支持下，何香凝五六年如一日为孙中山和同盟会总部机关收转信函、保管文件、看守门户、烧水做饭，因此被孙中山和革命党人称为有才干的好管家。在何香凝的协助下，1922 年廖仲恺两次赴日与苏俄代表越飞会谈成功意义深远，苏俄经济、军事援助源源而来。

1971 年 8 月，周恩来在几个会议上回忆 1924 年任黄埔军校政治部主任时与党代表廖仲恺及夫人何香凝的交往，特别着重讲述了当蒋介石借口追查黄埔军校学生在沙基惨案中的伤亡事件，向中国共产党人兴师问罪时，廖仲恺挺身而出承担责任，粉碎了蒋介石嫁祸共产党的阴谋的事。当谈到国民党元老何香凝及女儿廖梦醒、女婿李少石对中国革命的巨大贡献，周恩来极力称赞道："廖家对我们党的贡献真是太大了。廖仲恺先生 1925 年 8 月 20 日被国民党右派暗杀，我亲自到现场去看了。廖家女婿李少石同志是在重庆牺牲的，我也亲自去看了……"

二

抗日战争时期，何香凝创建抗敌后援会，不辞劳苦为抗日奔走呼号，积极推动全国妇女踊跃投身抗日战争中做抗敌后援工作；中国妇女慰劳自卫抗战将士会上海分会的成立，标志着以何香凝为首的上海妇女界抗日救亡运动统一战线的形成；何香凝对蒋介石在"一·二八事变"中拒绝支援十九路军和对日本消极抵抗态度异常愤慨，便在致蔡元培的一封信中，附了诗作《为中日事赠蒋介石及中国军人的女服有感而咏》，强烈地鞭笞、讽刺蒋介石："枉自称男儿，甘受倭奴气。不战送山河，万世同羞耻，吾侪妇女们，愿赴沙场死。将我巾帼裳，换你征衣去！"

何香凝看到自己多年为之奔走呼号的国共合作目标得以实现，激动得"热泪盈眶"，未等身体康复便立即给在延安的儿子廖承志发电报称："国共团结抗战，对于汝父（民国）13 年改造国民党，执行三大政策之主张实现，为之安慰"，热情洋溢地鼓励儿子，"汝须努力奋斗御敌，勉为政府抗战后援，以竟汝父遗志"。

这封仅有 65 字的电报，既以爱国大义勉励儿子继承父亲未竟之志奋勇抗日，又以慈母之情温暖后辈之心，立即在全国产生了巨大影响，《救亡日报》全文刊载时，热烈赞扬说："寥寥数语，爱国之诚，溢于言表，不特为中国民众之光，亦足为世界母性之楷模"，接着赞扬何香凝说："廖夫人献身神圣之救国事业，达数十年，今已垂垂老矣，而革命之志，老而弥坚，其热烈少壮之精神，犹如青春泼辣之少年。光威所播，令人感奋！"

著名作家田汉为写《全面抗战》到淞沪前线观察战况，在救亡日报社看到何香凝的电报，"感奋兴起之中，使人肃然生敬虔之念"，他欣然为《救亡日报》发表该电跋称："廖先生之远见卓识及其谋国真诚，固绝伦而轶群，其子女亦能绍其伟业，为中国之自由平等与幸福贡其最善之力，是殆缘不仅有英烈之父，且有贤母也。有母性如此，中国不可亡也！"

何香凝在香港积极参加"保盟"的爱国募捐活动，她冒着酷暑炎热到一个祠堂里慰问难民，亲切地与难民们打招呼："老乡们，你们吃苦了！"何香凝亲自给生病的老人喂开水和米粥，代表宋庆龄和"保盟"给他们分发干粮和水果。许多难民拉着何香凝的手哭着说："廖夫人，谢谢你！"何香凝连连摇头说："不要谢我，要谢就谢'保盟'吧！"

何香凝每收到华侨捐献的一笔款项，就把自己的一幅画作为礼品回赠，以示答谢和鼓励。何香凝告诉海外华侨，中国人民就是下山猛虎，一定会奋发团结以猛虎下山之势，把万恶的日本侵略军赶出中国去，以此鼓舞海外华侨更积极地投入抗日洪流之中！海外华侨以得到廖夫人的画为极大的荣耀，更积极地投入支援国内抗战的热潮之中。当海外捐献的物品到达香港码头时，廖承志、廖梦醒经常陪同母亲何香凝到码头迎接，代表宋庆龄和"保盟"对华侨表示感谢，然后亲自组织包装和运输，将这些紧缺物品源源不断地运送到各抗日根据地，送上前线使抗日将士如虎添翼，给日本侵略者以沉重打击。

无论多忙多晚，何香凝只要听说华侨有事来到香港要见她，都要亲自接见亲切交谈，了解他们在国外生活的疾苦，解决他们遇到的困难。1939年1月13日，何香凝在欢迎南洋琼侨代表的招待会上热情洋溢地致辞，对南洋和所有爱国华侨给予抗战的支援，代表宋庆龄和"保盟"表示感谢，诚挚地说："抗战开展后，华侨已做到有钱出钱、有力出力的天地。我们历年受日本人压迫与侵略，河山破碎，至为痛心。盼侨胞今后本过去对祖国光复伟大的功勋，回海外后，为抗战扩大宣传……继续努力，使国家得到独立与平等，使人民恢复自由！"

在宋庆龄、何香凝、廖承志、廖梦醒等人的努力之下，"保盟"成绩卓著，一年时间就从各国朋友和华侨手中筹集抗日经费 25 万港元，还有抗日前线急需的药品和医疗器械。

何香凝积极参加"一碗饭运动"，《华商报》专门为此出了特辑，何香凝题写刊名《一碗饭运动特辑》。德高望重的何香凝亲自参加募捐活动，亲切地拉着香港首富何东爵士女婿罗文锦的手，幽默直爽地动员道："罗文锦先生，你可要率先垂范，可不要使你香港首富的岳父大人丢面子哪！"在赫赫有名的廖夫人动员下，罗文锦爽快地踊跃捐献，《华商报》称赞何香凝"最善于捕捉有钱的捐献对象，劝说方式极为直爽，硬是逼着罗文锦写下捐款的数额，她让其他名人排成队，挨个来，为一碗饭运动筹得一大笔钱"。

当人们称赞何香凝善于募捐时，何香凝含笑指着宋庆龄说："你们没有看到孙夫人在我身边吗？孙先生、孙夫人最有号召力！"1941 年 9 月 1 日，宋庆龄亲自主持在英京酒家举行的"一碗饭运动"结束典礼，何香凝兴致勃勃出席，发表热情洋溢的讲话说："'一碗饭运动'在孙夫人、司徒永觉夫人、罗文锦先生的积极支持下，得到了港督罗国富爵士的热烈赞助和中外各界人士的积极帮忙。在这短促的期间，能够得到这样美满的成就，去救济正在水深火热中的国内伤难者，真是值得我们万分的感谢。希望能从这一运动，唤醒全港的同胞，全国的同胞以及全世界的人士，彻底地认清法西斯侵略者的罪恶，共同为反法西斯而奋斗到底！"

汪精卫叛变投敌后，何香凝愤怒地挥毫写下《斥汪精卫》一文，文中何香凝不顾她与汪精卫有"30 余年曾共患难的交情"，严厉斥责汪精卫的通电，"太不像中国人讲的话了"，"均只从如何执行'日本政府'所提议者出发，将近卫声明响应一番，不特民族气味全无，连做人的良心都已丧尽！"廖承志看后马上交给金仲华，第二天就在《星岛日报》刊出，立即引起香港同胞的密切关注，争相购买《星岛日报》。

三

"九一八事变"发生后，何香凝毅然放弃宁静的生活和良好的美术创作环境回国，投入抗日救亡运动，发起"救济国难书画展览会"，虽然累得害了严重的心脏病，但仍然抱病为救济伤兵和难民多次举办"义卖画展"，并靠绘画维持个人生计。

何香凝将绘画作为激励上海军民奋勇抗日的有效手段，她获知出租汽车司机顾浞德积极运送抗日物资，就绘制一幅梅花横幅，亲笔题字"先开展风雪"和"浞德先生纪念何香凝壬申春"赠送，赞扬他率先不畏艰险奋勇支前的爱国精神，顾浞德将此配上考究的镜框，恭恭敬敬挂在客厅的正面墙上。

"一·二八"事变后，何香凝不顾疾病，与经亨颐、陈树人、柳亚子、黄宾虹、潘天寿、王祺等老朋友组织起"寒之友社"，取松柏、翠竹虽经严寒而不凋，梅花傲骨英风斗严寒而竞放之意，故有"岁寒三友"之誉；他们寄情于诗画之中，以诗画继续从事抗日活动。

何香凝着力组织、推动社员们画在严寒冰雪中挺立的松、竹与竞放的梅、菊和水仙，写抨击侵略和时弊的诗歌，把"寒之友社"办成弘扬民族正气、有利抗日运动的书画艺术之家。何香凝注重写生，画寒冬开花、傲雪芬芳的梅和水仙，苍劲有力，以此表达她誓死抵抗日本帝国主义侵略的坚强决心，并与"寒之友社"朋友共勉。

为推进抗日救亡运动，何香凝刻意选取重大历史题材，古为今用，抒发她的抗日情怀和爱国精神。柳亚子等老朋友称赞何香凝的画讲究意境，万千思绪凝聚笔端，又善于借物抒发爱国之情，因此主题鲜明，寓意深远，耐人寻味，既具有国人渴望的救国之情，又富有艺术性，所以邓颖超称赞何香凝这一时期的作品，"充满斗争激情，洋溢着浩然正气"。

国难当头，何香凝忙于抗日救亡，强烈要求国民党政府接受中国共产党提出的《八一宣言》，作画速度慢了下来。迁居香港后，她与宋庆龄、廖承志等人再次密切合作，推动"一碗饭运动"，华侨每捐一笔款，何香凝就送一幅画，堪称以画救国的典范。

香港沦陷后，何香凝从粤北撤退到桂西，因兵荒马乱流浪逃难，画笔颜彩大都丢失，只好找到什么画笔纸张，就画什么样的画，以此补贴家用。何香凝画的一幅绿梅坚挺如铁，花似有香，是这一时期的代表作，以此结交了不少朋友，但她不肯把画卖给有钱的贪官污吏、土豪劣绅，因此一直过着清贫的生活，她写的这样一首卖画诗便是当时的真实写照：

> 结交自古重黄金，贫贱骄人感慨深。
> 写幅岁寒图易米，坚贞留得万年心。

何香凝在广西以崇高的声望，把许多著名民主人士团结起来组成"昭平民众抗日自卫工作委员会"等组织，带领他们号召青年参军，为抗日队伍募集寒衣和军饷，参加书画义卖、街头献金和劝捐游行等抗日救亡活动，何香凝的两首感怀诗在民主人士中广泛流传：

> 漂泊天涯隐桂林，国仇家恨两相侵。
> 难行蜀道知何故？事出无因却有因。

戎马关山欲暮天，怕登楼见月团圆。

思乡更觉河山碎，劫后余生又两年。

为营救又被国民党特务抓捕的爱子廖承志，何香凝请人把几十幅画带到陪都重庆，举办了一次何香凝画展，成为抗战时期陪都的一道风景线。

昭平县长韦瑞霖响应何香凝的号召，支持爱国民主人士开展多种抗日救亡活动，何香凝便挥笔手书"尽忠报国"四个大字相赠，见韦瑞霖更积极支持抗日活动，何香凝又亲手画了一幅傲骨英风的《梅菊图》并题诗鼓励：

先开早具冲天志，后放犹存傲雪心；

走遍天涯留画本，不知人世几升沉。

四

抗战的烽火使何香凝的画风更加坚挺，虽然仍以松、菊、梅为创作主体，但是笔法更加苍劲有力，技巧更加成熟，她偶尔也画一些清秀淡雅的小品，从中表现出在民族危亡关头，对有中国共产党领导的八路军和新四军做中流砥柱，中国必定取得抗日战争胜利的乐观主义，也体现出何香凝高雅的精神境界。

1937 年 6 月 25 日，毛泽东在延安热情地对廖承志赞扬廖仲恺、何香凝夫妇追随孙中山先生对民主革命做出的巨大贡献，称赞宋庆龄、何香凝与中国共产党人在抗日问题上的密切合作，毛泽东感慨万千地说：她老人家也真不容易，就你一个儿子也不溺爱，把你贡献给革命，你可要好好孝顺老人家。老人家在上海《申报》上发表的那首五言古诗写得好极了：目睹破河山，旧事何须说！今朝非昔年，愧对先烈血。历史再重提，羞向人间列。富贵非所愿，五斗岂腰折！愿我后来者，无忘国耻节。民族将危亡，速把雄心决！我们要牢记老人家的教诲，下定抗日到底的雄心，你更要好好孝顺老人家。有人马上到上海，我给令堂大人写了回信，你也写一封带上，怎么样？说着把已写好的信，交给廖承志看，只见毛泽东笔走龙蛇，以遒劲有力的笔法写道：

香凝先生：

承赠笔，承赠《画集》和《双清词草》，都收到了，十分感谢。没有什么奉答先生，惟有多做点工作，作为答谢厚意之物。先生的画，充满斗争之意，我虽不知画，也觉得好。今日之事，唯有斗争乃能胜利。先生一派人继承孙先生传统，苦斗不屈，为中华民族树立典范，景仰奋兴者有全国民众，不独泽东等少数人而已。承志在此甚好，大家都觉得他好，望勿挂念。十年不见先生，知比较老了些，然心则更年轻，这是大家觉得的。看了柳亚子先生题画，如见其人，便时乞为致意。像这样有骨气的旧文人，可惜太少，得一二个拿句老话叫作人中麟凤，只不知他现时的政治意见如何？时事渐有转机，想先生亦为之慰，但光明之域，尚须做甚大努力方能达到。

五

新中国成立后，何香凝出任国家华侨事务委员会主任委员，坚决反对日本当局迫害华侨，洪进山事件就是最典型的代表。洪进山原籍台湾，毕业于日本警官学校，曾经在国民党政府中当过公务人员，是个精忠爱国的侨胞。他热烈响应何香凝、廖承志的号召，志愿到东京华侨总会要求归国参加社会主义建设，被安排在 1955 年 11 月乘坐"兴安丸"随同第六批 155 名归国华侨回国。洪进山兴冲冲地前往舞鹤港登船时，被台湾当局勾结日本警察逮捕。

第六批归国华侨听到洪进山被捕的消息后，立即成立营救洪进山小组展开斗争，一面给中国侨委主任何香凝和红十字会长李德全拍电报求援，一面向各报馆记者发表抗议声明，同时向东京日中友协等三团体呼吁援救，请东京华侨总会会长陈琨汪出面与日本警视厅交涉。何香凝、李德全接到求援电报，立即把廖承志等请来商量对策。

廖承志指出台湾当局早就勾结日本政府，把许多要求归国的进步华侨拘留在静冈县滨松的"入国者收容所"，企图强行送回台湾。经中国方面和旅日华侨据理斗争，1955 年 2 月至 3 月即有 100 多名华侨被释放出来，其中 50 余人回到祖国；11 月 4 日凌晨，日本警方进入收容所，把洪全修等 100 多名华侨强行装进送往台湾的轮船，顾敏生等十多人奋起反抗而受伤。

何香凝拍案而起怒声斥责道："此可忍孰不可忍！立即用中国红十字会名义向日本当局发出抗议，对旅日华侨予以声援！"于是，廖承志抓紧时间准备，请示周恩来批准，1955 年 11 月 5 日以中国红十字会总会名义致电日本红十字会三团体联络事务局，严重抗议日本政府把一批华侨强行送往台湾："如历来事实所表明的那样，我国人民和政府从促进中日两国人民友好的愿望出发，对于愿意回国的在华日侨的回国有关事宜，是一贯地予以各种便利和协助的，但是根据日中友协第五次大会所公布的材料，日本政府对于被拘押在滨松'收容所'的中国侨民曾施加各种虐待和迫害；同时，根据共同社 10 月 31 日和 11 月 4 日的报道，日本政府竟把中国侨民 120 人强制送交台湾，并且对拒绝强制送交台湾的中国侨民施行殴打。我会对于日本政府这种反人道的暴行，表示严重抗议。"

何香凝、廖承志指示中国侨委发言人 11 月 23 日向日本政府提出严重抗议，谴责日本当局无理拘捕要求回国的洪进山，指责其无理地继续拘留潘广坤、郭全灶、顾敏生、蔡晋修等华侨，这是中国政府和人民绝不能容忍的，要求日本政府释放华侨，使他们能够按照本人的意愿返回中国；并致电东京华侨总会，支持他们的正义行动。

经中国人民、旅日华侨和日本人民的强烈反对、谴责，中国政府积极帮助日侨回国，日本政府却阻挠、迫害要求回国的华侨，二者形成鲜明的对比，迫使日本政府释放洪进山，让他乘船回国，何香凝、廖承志对洪进山热情关怀，予以很好的安置。

洪进山事件只是旅日华侨归国过程中的一次风波，何香凝、廖承志热情关怀奋力援救，受到广大华侨的赞扬，因而洪进山事件使旅日华侨归国更壮行色，更助归国兴致，更增新中国的威望。

何香凝、廖承志密切注视着岸信介政府在日本侨民回国问题上玩弄的调查"下落不明"之日本人的阴谋诡计，不断把有关材料报送周恩来总理，因此周恩来 1958 年 7 月 15 日接见以田尻正泰为首的日本民间广播联盟代表团和日本共同社、《朝日新闻》记者的时候，专门就日本岸信介政府提出的调查所谓"下落不明"的日本人的问题发表谈话，予以严厉批驳。

六

1959 年 10 月日本自民党重镇松村谦三访华时，拿出一幅牡丹画交到廖承志手里说："我去年得到你母亲的一本画集，我特地请日本画家乡藏千仞画了这幅牡丹，请转交令堂作为回赠！这是与你母亲有缘的日本画！"

廖承志双手接过仔细观赏，对乡藏千仞的画技赞不绝口，但是沉思片刻，又把画交还给松村谦三。松村谦三大惑不解："廖先生转交有何困难？"廖承志故意把眼一挤说："如果这是带给我母亲的，您能不能直接交给她呢？"

松村谦三一听，乐得眉开眼笑："太好了，那真是求之不得的呢！"第二天上午，松村谦三携带那幅画来到北京王大人胡同拜访，廖承志陪同何香凝欢迎日本客人。松村见何香凝身体非常健康，一点儿也不像82岁的老人。76岁的客人恭恭敬敬向82岁的主人鞠躬问候。

何香凝回忆起当年追随孙中山在东京搞革命活动的难忘岁月，接着话题一转，对岸信介政府的反华行径进行抨击："岸信介内阁极力推行敌视中国的政策，不但千方百计阻挠升中国国旗，而且对侮辱国旗事件未做任何遗憾的表示。"

松村表示回国后一定向日本政府转达。何香凝便话锋一转谈起了往事："我让承志这孩子上了早稻田大学，因为他父亲也曾就读于早稻田。"廖承志疑惑地问道："爸爸也是早稻田的？"何香凝回过头对儿子说："怎么，我以前没有告诉过你吗？你爸爸是早稻田的呀！"

松村赶忙说他是与廖仲恺同期在早稻田大学读书的，三人越说越投缘。廖承志趁热打铁点提出主题："希望早日恢复邦交，这样我们又可以去东京吃金枪鱼了！"

松村谦三表示要敦促日本政府认真考虑发展中日关系后，把乡藏千仞画的牡丹送给何香凝。何香凝戴上老花镜仔细观看，喜笑颜开地说："我目前已经放下了画笔，但为了留个纪念，我也给您画一幅回赠吧！"

几天后，廖承志给松村带来一幅画，松村谦三打开一看，见是一大幅梅花图，显出明显的日本"四条派"风格，看着这幅象征中日友好的牡丹图，松村不由啧啧称赞道："了不起！虽说出自82岁的老人之手，但笔锋仍是那么潇洒，功力丝毫不减当年！"

松村谦三将画带回日本仔细收藏，此画至今仍然陈列在福光町的松村陈列馆。

何香凝从事美术创作达 70 年之久，一生笔耕不辍作画千余幅，抗日爱国是她画作中最突出的主题，传播中日友好也是她的艺术追求。1979 年 2 月中旬，何香凝画展在北京隆重举行。前来参观的各界人士络绎不绝，都被何香凝一幅幅风格独特的诗画所吸引，称赞她不仅是一位杰出的革命家和政治活动家，而且是一个在海内外享有盛誉的著名爱国画家。知母莫如子，中国美术家协会为配合这次画展，请廖承志撰写的《我的母亲和她的画》一文，则是对何香凝老人的爱国艺术生涯做出的权威性总结。

国画家齐佛来的人生和艺术

———
屠建业

齐佛来，一位和善、谦恭、不事张扬的 86 岁老者，为了弘扬祖国的传统艺术，仍在国画艺术的殿堂中苦苦求索，孜孜不倦地研习、升华。

初识齐老

齐老是北京市文史研究馆馆员，身兼多种学术和艺术职务，如：西北大学美术系教授，湖南湘潭市政府和燕京书画社顾问，山东、吉林等省的齐白石艺术馆馆长、名誉馆长，等等。

13 年前的一个春光明媚的三月天，在钓鱼台国宾馆芳菲苑宽敞的多功能厅，首都一批名闻遐迩的书画大家，在一起洒翰墨，挥丹青，欢天喜地迎接马年。一位中国美协的朋友，指着正在全神贯注、重彩浓墨一幅"老来红"的写意花鸟的老者，"这位先生就是艺术大师齐白石的嫡长孙齐佛来。"在此之前，我只是久闻其大名，而无缘与老先生谋面。

朋友的指点和心仪已久的钦佩，令我着实端详了好一阵。齐白石老人的这位爱孙，当时已七十有二，1 米 75 的身材，矍铄而儒雅，瘦而不弱，老而弥坚，与人交谈是那么和善、友好，发自内心的笑容中带着艺术家的质朴和率真。从佛来老的神态和脸部的轮廓、长相上看，颇具白石老人的遗传基因。

佛来老给我的第一印象非常深刻：其形象年龄远远低于他的生理年龄，不知根底的人看来也就 60 岁上下。其精神状态，与年轻人相近，文思敏捷，多才多艺，诗书画均能挥洒自如，特别是古体诗词，佛来老更是驾轻就熟，每每有感而发，多有佳句。

逆境育英才

老先生生平好动，喜游山玩水，祖国的名胜古迹，大都留有老先生的足迹。2001 年，已届 83 岁高龄，还应成都军区之邀，到世界屋脊的日光城拉萨从事艺术活动。临行前，家人和朋友都有些担心，怕老先生适应不了高原气候而产生意外，齐老坚持以种种理由说服大家，直至登上前往西藏的飞机。在拉萨从事艺术活动的间隙，他还游览了布达拉宫和大昭寺等名胜古迹。老艺术家的胆识和良好的身体素质，使西藏友人和老先生的亲朋至爱称羡不已。

齐老常说："我的好身体是从饱经磨难和患难中修炼出来的。"正如其诗中所云："我生逢不辰，军阀相混扰。吞声草莽中，廿载惊弓鸟。倭寇会侵凌，残生一线渺。黑夜过八年，东方天始晓。满拟旭日升，万物春回早。曷忆水旱风，灾害连年搅。哀哀彼生灵，朝夕苦难保。衣没以衣寒，饥尤无以疗。奚独荷天恩，一粥独能饱。"

在解放前二三十年的战乱年代，齐老备尝艰辛，他在精心照顾祖母（白石老人原配夫人）和妻子的同时，还在湘潭、耒阳、邵阳一带为雪家仇国耻，参加一些抗日救国活动，受尽颠沛流离之苦。

1966 年，齐老一夜之间沦为"阶级敌人"，饱受造反派的欺凌侮辱。一家五口被遣送回湖南老家劳动改造。由于当地政府不敢接收，举家三次往返湖南、北京之间，折腾得昏天黑地。衣食无着，饥寒交迫，几经周折，终于在老宅借山馆后自建茅舍草屋住下，一家人在艰难岁月里，靠放牛、种菜、拾粪、捡薪度日。逆境下，齐老没有悲观沮丧，而是以积极的态度、顽强的精神迎接命运的挑战。他白天从事繁重的体力劳动，晚上挑灯赋诗作画，诚如他在一首《山居》诗中所言："自作吞声草莽氓，菜花香后枣花香。雨来防漏移床架，夜不闭门待月光。米贵疗饥多煮粥，盐荒烹菜少加汤。山层未减同仇忾，舞罢鸡声气更昂。"

多灾多难不但没有压倒齐老，反而更加激发了齐老的斗志和诗画创作的激情。这正应了太史公在《报任安书》中所言："仲尼厄，而作《春秋》；屈原放逐，乃赋《离骚》。"愤怒出诗人，逆境育英才。

笔耕不辍　活力无限

少年时代，齐老在白石老人身边朝夕耳濡目染，不但酷爱国画，而且喜爱诗词歌赋，特别对旧体诗很是偏爱。白石老人对重稚时的齐老即言传身授，教其攻读《剑南诗钞》《千家诗》《唐宋诗词》等。外祖父王仲言在当时的湖南亦有诗名。他对聪颖好学的外孙启蒙学诗的作用也不小。曾以"向使春华能努力，挥毫端可扫千军"的诗句见赠，以励后进。几十年来，齐老笔耕不辍，著作颇丰。得益于改革开放的新形势，靠着他结实的身板和旺盛的精力，齐老的书画创作进入一个高峰期。在近 20 年内，他游遍了祖国名山大川，应邀出访了不少友好国家，访问、讲学、传艺，笔会雅集，艺术青春似乎又回到了老先生的身上，创作热情胜似青壮年。老先生有近 4000 幅书画作品在国内外流传，旧体诗

3000 余首，结集面世。

我与齐老及其公子——中年画家、书画文物鉴定家齐来欢是多年的朋友。前年农历马年，适逢齐老本命之年。春节期间，到齐府拜访。在谈及老先生的老当益壮时，齐老颇多感慨。

"第一，我一生不被名利所缠，不随世俗俯仰。能安于清贫，能以平常之心待世间人和事。

"第二，生活起居有规律。习惯于早睡早起。没有极特殊的情况，中午睡一觉的积习雷打不动。

"第三，不抽烟，不喝酒，饮食顺其自然，不挑食，不偏食，什么都吃，不忌口；但平日餐桌上更多的是一些清淡食品和新鲜的瓜果蔬菜。

"第四，多活动，勤走路。常安步当车胜似大补之营养品。

"第五，心平气和，能善待自己的身心，能驾驭自己的情绪。遇到高兴事，不忘乎所以，不失态。碰到糟心事，能从积极方面换位思考，福兮祸所伏，祸兮福所倚嘛。塞翁失马，安知非福的事是常有的。要向林则徐看齐，能制怒，少烦恼。"

在与齐老交友的十年多中，无论什么时候见到齐老，他都是那么精神、乐观，面带微笑，言语蔼然。

我相信，凭着齐老的天赋、勤奋和执着，他的艺术生命一定会和他的健康身心一样，生机盎然，活力无限。在祖国艺术百花园中，会绽放出更加绚烂夺目的光彩。

尹瘦石

——丹青挥洒写人生

方　正

　　年高德劭的尹瘦石是我国著名的书画家。进入他的家，你会真切地感到那里是一个充满创造活力而又能修身养性的宁静的港湾。熏熏儒雅、神韵高淡的尹老洞彻人事而又不温不火。当那尘封已久的记忆之门慢慢启开时，有关一个人命运的意蕴幽深、撩人心弦的历史便走入了你的心中……

　　太平洋战争爆发后的1942年，23岁的尹瘦石结识了南社盟主柳亚子，并为柳画了那帧让他声名鹊起的传神肖像。此举出于对被画者疾恶如仇、铮铮铁骨风范的敬仰。柳亚子则以颇为自负的诗句"忘年尔我早齐名，宜兴尹与吴江柳"，记下了他们之间的这种笃意深情。

　　1945年10月5日，在柳亚子的引见下，意气风发的尹瘦石有幸在重庆红岩村为奋袂而起、改变中国现代历史进程而日理万机的巨人毛泽东，画了40多分钟的肖像，更是出于一种由衷的信念：只有共产党才能为灾难深重的中国人民播布福祉！

20 天后，"柳诗尹画联展"在山城隆重揭幕。毛泽东特在《新华日报》题了"柳诗尹画联展特刊"几个大字。徐悲鸿为尹瘦石画作序，赞曰："以其精严生动之笔，摹绘可歌可泣壮烈之史，……但居今之世，当艰难凄楚死生人兽之际，览其激昂悲壮之形，苟有人心，能无感动耶？"周恩来、王若飞、郭沫若、沈钧儒、黄炎培、茅盾、老舍等各界人士和广大民众争相观赏，一时传为美谈。

这个书画联展不啻是对尹瘦石人生中第一阶段艺术生涯的一个全面而深刻的小结。尹瘦石 1919 年出生在江苏宜兴。江南的水土和文化，钟灵毓秀、冶俊陶英，使他自幼对绘画艺术情有独钟。1933 年他进入宜兴陶瓷职业学校半工半读，后随无锡画家贾角学艺，临摹过费晓楼、任伯年的仕女人物，也学过人体素描。

抗日战争爆发后，尹瘦石背井离乡，经安徽、江西到达武汉。一路之上，饿殍遍地的惨景使他的心情格外沉重。1938 年考进武昌艺术专科学校后，艺术家特有的感受力使尹瘦石挥就了一幅在他胸中盘萦已久的充满现实主义严峻风格的《流亡图》。

1940 年，他从湖南赴桂林欧阳予倩处，成了广西省立艺术馆美术部的研究员。在这个当时中国文化名人麇集、避难的山水名城，尹瘦石先后结识了柳亚子、徐悲鸿、田汉、熊佛西等众多名家，得益颇深。这一时期的尹瘦石醉心于历史人物画的创作，《伯夷叔齐》《屈原》《正气歌》《郑成功海师规劝留都图》《史可法督师扬州图》《瞿（式耜）张（同敬）二公殉国史画》等一批画作无不表达了尹瘦石以我国历史上民族英雄可歌可泣、英勇捐躯的动人业绩来激励国人抗战到底的良苦用心。田汉由此赞道："宜兴并代两神工，石瘦鸿悲意境同。"

勤奋、激情的尹瘦石一发而不可收。在 1943 年 5 月桂林文化界集会庆贺柳亚子 57 岁华诞的盛会上，他还将柳亚子、何香凝、欧阳予倩、熊佛西、孟超、安娥、端木蕻良、周钢鸣、司马文森、宋文彬、谢冰莹等48位蛰居桂林的中国文化界著名人士尽揽于取名为《漓江祝嘏图》的长卷之上。1945年，在中国向何处去的关头，尹瘦石不避风险，想到用柳亚子先生那些慷当以慷、情怀壮烈的诗作连同自己的历史画作，举办一个联展，以向人民大众发出呐喊……在当时，实为震古烁今之举。

1946年的一天，年轻的尹瘦石向周恩来倾诉了自己想到延安去的渴望，周恩来予以赞同，并要他去找齐燕铭具体商洽。齐对这位热情的年轻人说："延安鲁艺的人都分散到各地工作去了，不如去张家口。"未几，齐突然通知尹瘦石：第二天有飞机，问他可否动身？尹瘦石义无反顾，只身带着几幅画，便投身到他人生的另一个崭新天地里去了。他先在华北联大任教。嗣后，尹瘦石和吴晓邦又随到张家口演出的内蒙古文工团到内蒙古深入生活。这一"深入"使尹瘦石一下子在内蒙古滞留了11个韶华岁月。

苍茫、阔大的草原用它热诚、豪放的淳厚民风拥抱了这个"江南游子"。尹瘦石也把自己的心血挥洒在一碧无垠的草原上。内蒙古的兄弟把他比作内蒙古革命美术的"挖井人"，赞誉他"为内蒙古美术事业的开创与发展，为培养少数民族美术队伍做出了重大的贡献"。

1956年，尹瘦石当之无愧地被一致推举为美协内蒙古分会的第一任主席。他这一时期的代表作《劳模会上》《人畜两旺》《暴风雪》《风雪慰亲人》《内蒙人民欢度国庆》等均充满着清新、浓郁的生活气息。人们可以从中嗅到当时充溢新中国整个美术界的那种温馨、恬静而又勃发向上的时代气息。

这一时期之于尹瘦石一生中最重大的收获是，他继徐悲鸿之后，成为中国画坛上又一位令人瞩目、笔可扛鼎的画马好手。心游万仞的艺术家的气质和被喷青吐翠的无际草原所孕育出的豪放不羁的骏马之间，本来就有着一种天生的默契。然而，呕心沥血的观察、揣摩、默记和再升华……这个中的甘苦，只有辛勤采撷的人才能深切体味到。

1957 年夏季，文化部的一纸调令，使尹瘦石成了北京中国画院的副秘书长。讵料，时隔不久，处事唯谨的尹瘦石被内蒙古方面的三道"金牌"招了回去，于懵懵懂懂之中成了可悲的"右派"。翌年夏，39 岁的尹瘦石被发往北大荒，开始了为时三年的劳动改造历程，从而充分领略了农忙季节白天收割、夜间脱粒、一干就是半个月的辛苦。

生活有时也真充满了苦涩的绝望，此时的尹瘦石降薪四级，夫妻分手殊途，上有白发皤然的老母，下有三个稚嫩的小儿，他纵然柔肠百结，肝肠寸断，也只能徒唤奈何。

困顿中，北方人民的真情使尹瘦石蒙冤而不颓。牡丹江农垦局的一位负责人久仰其大名，不避"重用右派"之嫌，举荐尹瘦石到《北大荒画报》搞创作。1960 年，哈尔滨最大的宾馆北方大厦竣工时，松花江畔的儿女盛情邀请他在大厦二楼的正面墙壁上画了一巨幅让人心驰神往、流连忘返的《群马图》。在扬鬃奋蹄、吞吐宇宙的恢宏天地间，人们抚到了尹瘦石那颗不能泯灭的心！

60 年代中期，在哈尔滨艺术学院执教的尹瘦石奉调回京甫定，又遭"文革"中数次抄家、揪斗的恣意凌辱，但他对人、对艺术的真情不改。他迭经磨难的好友聂绀弩，结束了十年的铁窗生涯，但却成了每月只能到街道办事处去领 18 元生活救济金的无业游民。一生鄙视势利的尹瘦石常携上酒菜，去聂绀弩家，与沉疴染身的老聂把盏小酌，说诗论画，欢娱异常。在一年多的时间里，尹瘦石多次向中央和北京市有关领导递交聂老的申辩信函。1979 年，尹瘦石和聂绀弩的问题差不多同时得到解决。尹瘦石长期遗留下的错划右派得到改正，恢复了党籍，并出任了北京画院的副院长。

在新的历史时期里，尹瘦石不为蝇头微利、蜗角虚名所惑，披坚执锐，扶植新人。1980 年，在邓小平同志的关切下，有关部门拨了在北京东郊建新画院的专款。寻地皮、选材料、敲定设计方案……主管此事的尹瘦石事必躬亲，殚精竭虑。五年后，宽敞、漂亮，又具现代化设施的北京新画院拔地而起。

尹瘦石功成不居，递交了辞呈，又回到了他魂牵梦萦的丹青笔墨之间。尹老少时专攻行楷，后旁及《书谱》和敦煌、魏晋经卷，故他的书法书格高逸，骨风娟秀，颇有书卷气，也深得行家好评。

现为全国政协委员、中国文联执行副主席的尹瘦石的生活是非常充实、多彩的。1994 年 4 月，尹瘦石艺术馆在他家乡周铁镇落成便是一例。1992 年初夏，尹老偕夫人到家乡参加陶瓷艺术节。席间，尹老的夫人吕秀芳女士向周铁镇镇委书记表达了尹老要将 90 多件自己的书画力作、80 多件珍藏的名家字画、100 多件保存的珍贵文物捐赠家乡的意愿。基于双方的诚意，仅一年工夫，一座占地 15 亩，由尹瘦石提出设计方案构想、极具江南园林式风格的建筑落成：两层主楼青瓦白墙，碑廊、碑亭陈于两侧，回廊蜿蜒院中，池水、湖水澄澈见底，石库门洞开，漏窗围墙环抱……给家乡人民平添了一处高品位的休憩场所，也浸润着尹老弘扬祖国传统文化和报答故土养育之恩的一片拳拳之心。

王成喜的艺术世界

———

许水涛

　　人民大会堂布置着许多堪称"国宝"的大型书画作品，是中国当今最高艺术成就的典型。其中最耀眼的就是被摆置在一层中央大厅正中的《报春图》。这幅以一棵硕大梅花为主要表现形式的作品长 8.5 米、宽 3.5 米，它所散发的喜庆气氛和浓烈的春天气息吸引着人们驻足观赏。每逢全国人大和全国政协会议期间，代表、委员们纷纷在画前合影，在这幅象征着中华民族自强不息精神的画作前留下特殊的纪念，成为"两会"当中一道亮丽的景观。这时，人们不会忘记作品的创作者也是他们中的一员，即全国政协委员王成喜。

　　如今，王成喜已是家喻户晓的书画名家，现为中国美术家协会理事、中国书法家协会会员、全国政协书画室副主任、国家一级美术师。他的画作不仅被摆置在天安门城楼、中南海、紫光阁勤政殿、钓鱼台国宾馆，而且被当作国礼传到海外，新加坡总统府、莫斯科克里姆林宫、日本国会众议院贵宾厅等许多重要的场所都收藏着他的杰作。他被众多的光环所围绕，自 1980 年以来，先后应邀赴日本、新加坡、荷兰、美国、德国、法国举办画展或从事艺术交流活动，受到广泛欢迎。1987年，日本京都成立"王成喜画伯香远会"；1993年，台湾台中市设立永久性"王成喜书画作品陈列室"；同年被台湾文艺作家协会授予第16届艺术成就金奖……此外，王成喜还出版有《王成喜画梅集》、《王成喜画梅续集》、《王成喜书画作品》、《王成喜百梅集》、《中国画家王成喜》、《王成喜画梅技法》等20余种。他留给我们最深刻的印象是诚实的为人、谦逊幽默的谈吐和朴实的艺术见解。

一

王成喜1940年生于河南省尉氏县，幼时家境贫寒，没有高师指引。不过，中原地带深厚的传统文化底蕴滋养着王成喜，使他受益匪浅。在他的记忆中，"老家那个地方很穷，在我小时候，最深的印象就是挨饿，从来吃不饱饭。但最使我眷恋的是人们的奋斗精神、民风的淳厚忠诚、对于中国传统书画艺术的崇尚及浓厚的文化氛围。我刚记事时，夜晚就常常依偎在母亲怀里，听大人们讲述吴道子、王羲之及许多关于书画方面美丽动人的故事。逢年过节，特别是过春节，家家户户都喜欢在堂屋中央挂上《松龄鹤寿》、《威震山林》、《梅兰竹菊》等字画，同时摆上神像和祖宗牌位。那时，我就觉得梅兰竹菊很神圣，竟与神摆在一起，要对它磕头。有一次快过年了，母亲对我说：'家里还有一筐萝卜，卖了吧。不吃萝卜饿不死，不挂对子咋过年呀。'在我们那儿，什么也不挂，就等于一家人完了。因此，宁愿饿着，将萝卜卖了换几毛钱，也要贴对子。你要是会写字、画画，整条街的人都夸你，这无疑激励了我。在我幼小的心灵中，书画留下了永恒不灭的神圣，也深深扎下了我走向书画艺术道路的根。"

与许多艺术大家一样，王成喜从艺之路并不平坦，但他始终没有放弃自己的追求。从许昌中学毕业时，正值三年困难时期，生活的艰难不言而喻。听说中央工艺美术学院招生，心中充满了希望的他决定到省会郑州考试。然而，从家乡到省城，光路费就要12元，还需要报名费、住宿费，他身无分文，家里没钱，周围的亲戚朋友也都穷得叮当响，到哪里找这么多钱呢？此时，对理想的追求、对艺术的渴望逼迫着他拼命挣钱。他起早贪黑地割草，晒干了卖给大车店，尽管三斤干草才卖1分钱。他又去捡破烂，辛辛苦苦地干了一个多月，只挣了5元钱，眼看着考试的时间就要到了。上天不负有心人，王成喜的精神打动了周围的人，大家你凑1角我凑5毛，终于凑足了十几元钱。路费、报考费、住宿费都齐全了，还缺考试时需要自带的画具。没钱买，王成喜灵机一动，将破碗一磕，剩一个碗底小圈，成了颜料盘。他终于可以上路了。母亲用树皮树叶做成够他吃一个星期的菜团子，希望儿子不至于在考试时饿肚子，盼着儿子能考取。

王成喜是幸运的，河南三四百名考生中仅录取三位，他就是其中之一。1961年，他终于来到了首都，实现了大学之梦！他徜徉在艺术的海洋中，依靠名师的指导深化了对色彩、造型、创作基本规律和技法的认识，打下了深厚的艺术功底。

大学毕业的王成喜被分配到北京陶瓷厂工作，整天从事体力劳动，下班后腰酸腿痛，非常累。住宿环境很差，四人一屋，面积有限，只有床和不到一米的过道，没有桌子，也没有凳子。恶劣的环境对王成喜无疑是一种考验。他没有气馁，在床头钉了个钉子，挂支毛笔。下班后就把铺盖卷起来，用报纸包一块砖头当凳子，坐在那儿画画。有人对此很不理解，这些作品在当时既不能发表，也不能卖钱，无名利可言，你王成喜为什么还要这样去画？其实很简单，就是喜欢！真正喜欢了，就能发现它的妙处；真正理解它了，就会觉得其乐无穷。对王成喜来讲，写字作画乃人生最大的享受。他一作画，便特别兴奋，万念俱消，什么愁呀累呀，都忘了。就是在这样艰苦的环境下，他潜心研究中国传统绘画和西画结合的表现手法，努力把西画的透视、明暗、空间、质感等表现方法融于中国画的笔墨趣味中，追求形神兼备的艺术效果。他的画中回荡着一种大自然的磅礴生命之气，形成了雅俗共赏的个人风格。王成喜诠释道："我心目中的美是一切清新向上、鲜明生动的、和谐愉悦生机勃勃的东西。在看了或听了之后能令人回味，从中能得到启迪和思考的东西。我努力去追求这种感觉，千方百计地去寻求这种美。无论创作什么题材，从形象、构图、色彩到笔墨趣味以至意境，我都在苦苦探索尝试着。然而达到完美的境界谈何容易！这个过程绝非短暂，可一蹴而就，即使是穷我一生心力，也尚难达到吧。越学习，越觉得自己的不足，也越坚定自己选择的方向是对的，我还要充满信心地追求下去，去创造我心目中既定的美，奉献于世。"这样的美学观念和美学追求无疑是推动王成喜不倦求索的最大动力。

二

提起王成喜，人们自然会想到他笔下那些神姿绰约、暗香疏影、凝霜傲雪的梅花。中国历代画梅者众，但王成喜笔下的梅花生机勃勃、浓艳瑰丽、紧扣时代，渗透着中国传统文化的精髓。以画梅闻名天下的王成喜对梅花有着非常深厚的感情，"梅仙"、"梅花王"的称号不胫而走。

王成喜告诉我们："'文革'前，我什么都画。'文革'中，画的题材受到很大的限制，一不小心就可能成了'黑画'，受到批判。画梅花就没有这样的顾虑，因为毛主席喜欢梅花，有吟梅的诗篇传世，如'风雨送春归，飞雪迎春到。已是悬崖百丈冰，犹有花枝俏'等，社会上到处都有吟梅的诗作，画梅花自然会受到欢迎。这将我的爱好和长处融合了起来，我本来就喜欢画梅。以前学画，老师就是从教梅兰竹菊开始的。"

梅花最令人喜爱的，就是它的诗情画意。梅花"凌寒独自开"的高贵品质一直深受中国文人雅士和广大民众的青睐。王成喜饶有兴致地介绍道："千百年来，梅花一直是中国人的名花。1300 年以前就有人画梅花了。可以说，有中国画以来，就有梅花。《诗经》中多次提到梅花。唐诗宋词中吟颂梅花的更是不计其数。光是宋朝陆游写梅花的诗就有 600 多首。最有名的'梅花香自苦寒来'，就出自陆游之手。在备受文人赞美的'梅兰竹菊'四君子中，梅花是第一位。它非常纯洁，非常雅逸，成为古代文人雅士不断赞美的对象。'梅花本是神仙骨，落在人间品自奇'，便是赞美梅花品格的好诗。那么，画一辈子梅花的画家更是大有人在，像清代的金农等。宋代一位姓林的画家崇拜梅花，将这种喜好作为人生最高的享受，甚至终身没有结婚，成了梅痴、梅癫了！这样喜爱梅花的中国人有很多，为什么？这与梅花的品德有关。梅花开在冬天，它能够适应艰苦的环境，真正是'雪侮霜欺香益烈'，这是值得人们尊敬的。梅花是植物，文人们却把心目中高尚的风格寄托在它身上，把它人格化了，已成为高尚品格和文人风骨的化身，成为中华民族精神的象征，是当之无愧的国花。有人主张选牡丹为国花。其实，牡丹是富贵之花，雍容华贵，象征着繁荣昌盛。可是，我们的民族要想前进再前进，就需要坚忍不拔的精神，选一种花来代表，非梅花不可！梅花还有朴实、谦虚的品质，初看时并不那么亮丽、耀眼，仔细瞅，就可以发现它的美。它的骨子里发出一股清香，透出一种纯洁。站在那儿，慢慢品味，就会觉得它最可贵……梅的这种精神使它值得画，我发自内心地喜欢，喜欢她愈挫愈奋的奋斗精神，喜欢她朴实、俏也不争春的品格，喜欢她洁骨不受尘的高洁、雅逸，喜欢她凌风傲霜踏雪来、不尽生机布新香的风骨。"正因为有这样的理解，王成喜笔下的梅，在表现梅花傲霜斗雪、玉洁冰清的气质之外，还体现了一种舒展、明快、热烈、向上的气氛。

王成喜还给我们讲了一段趣事："我对梅花最深刻的体会是在 20 多年前。1980 年秋，有位朋友送我一盆光秃秃的蜡梅。这盆花是在冬天开的，我当时住在北京广渠门，条件差，就把花放在光线比较暗的楼道里。天长日久，事情又多，就把这盆蜡梅忘了，更谈不上浇水施肥。楼道里经常有人过，还有推自行车过的，不小心就把蜡梅的枝碾断一些。可是，就在我忘得一干二净的时候，春节后的一天晚上，我在楼道里突然闻见一股特别的香味，我感到好奇，拿手电一照，顿时一阵惊喜。我看到的是盛开着的蜡梅花，黄颜色的，非常漂亮！花不多，也就那么十几朵，因为只剩几个枝头。这时，我才理解到梅花的可贵。就是不为人知，不需浇水施肥，不娇气，也不夸耀自己。我赶紧把它保护起来。现在它已经两人多高了，今年又开花了，仍然那么漂亮，那么朝气蓬勃……"

谈到长期画梅花对自己在为人处世方面的影响，王成喜简言：那就是实实在在，对人对事，实事求是，最不喜欢吹啊骗啊之类华而不实的东西，做人最起码的品质就是诚实。

在倾听中，我们慢慢理解了，王成喜为什么能把梅花画得那么美那么好，是因为他真正爱梅，真正理解梅，是梅花的知己！

三

机遇往往是给有准备的人的。为人民大会堂创作出《报春图》后，王成喜的知名度才迅速提升。

画《报春图》是在改革开放初始。经"文革"风雨之后，中国像一条巨龙跃然腾飞起来。设计者提出在人民大会堂正厅摆放梅花图，并找了许多画作让中央领导挑选，最后选定的是王成喜的画作，当时还没有什么名气的王成喜以一种非常公平的方式脱颖而出。问个中原因，王成喜道出一番肺腑之言："其实我画的梅花不奇、不特、不狂、不怪，技法传统，体裁传统，只是吸收了一些西洋画法。如此受到大众的喜爱，无非是这些艺术作品贴近群众，贴近生活。梅花象征着力量，象征着不屈不挠、奋发向上的精神，而这正是社会发展的主旋律。"

这驱使他以一种强烈的使命感和忘我的精神进入创作。王成喜回忆道："这张画是我在 1988 年创作的，经过了长期的酝酿。画梅一般多为小品，而在人民大会堂里，需要的是热烈的、令人振奋的画面。于是我把一颗花构想成一个宏大的场面，象征中华民族的千年老干，虬枝劲节，愈老愈青春焕发，愈活力四射，愈满天繁花。我以前没画过这么大的画，特别是在这样大的场合里。为把握整体效果，我登在梯子上在立起的画板上面创作。在花的处理上，我先在一张纸上反复推敲修改，最终定稿的花，每个花瓣都有苹果一样大小。我作画时真正达到忘我的境界，笔杆都弄折了。其表现的境界也与古人不同，在古代，梅花往往与清高雅逸相伴，以少瘦为美，孤芳自赏，很清高，文人雅士们用以寄托对社会不满的情感。现在再这么画，就与时代不吻合了。而要画出新的特色，象征着千年老龙跃然腾飞的气象来，追求的是积极向上、令人振奋的美！所以我在画梅时吸收一些西画的明暗、虚实、体面和色彩的表现方法，把这些和传统的笔墨趣味结合起来，创作出一种新的面貌。这也得益于我在中央工艺美院的学习经历。"

王成喜成功了，《报春图》成为民族精神的象征。这幅画感染了无数的中国人，同样也激励着王成喜继续努力，创作更多佳作。

1988 年，北京出版社出版了《王成喜画梅集》，此书一经公开面世，便得到广大读者的认可，纷纷购买。至 2005 年底，此书每年再版，连续 17 次，不断售罄。最后，版坏了，没法再用了，于是再编《王成喜画梅续集》。没有任何豪华包装，也没做过签名售书和任何广告宣传，竟然创下了如此的奇迹，令人叫绝。对于这一现象，作为艺术工作者是很值得思考的。王成喜认为："不是我画得好，不是的，我觉得：第一，梅花这个题材大家喜闻乐见。任何艺术作品离开生活，离开群众，就没有前途。梅花题材并不奇特并不新鲜，深受群众喜欢。就像热播的电视剧，只有贴近老百姓、贴近生活才会受到广泛的欢迎。一个大家都不熟悉的题材，即使艺术成就很高，也很难引起共鸣。所以文艺作品一定要特别贴近生活，这是很重要的。再有就是群众喜欢这种风格，喜欢这种表现形式。譬如鲜明生动的，颜色比较清新的，看上去就能让人精神振奋，有向上的感觉，而不是压抑，也不是看不懂。这种手法的基本特征是形象生动，颜色鲜明，响亮，有震撼人心的艺术力量。所以，我一直主张，美术美术，一定要美，这种美要能够为大众所接受。很多画家非常强调个性。当然没有个性产生不了很好的艺术家，但是这种个性一定要在共性当中提炼出来。画也如此，一个是题材，一个是表现手段，再一个画家本身，你的审美情趣、审美追求和广大老百姓非常融洽，有共同语言，就会得到广大老百姓的认可和喜爱。画家是属于社会的，美术作品更是属于社会的。而画家的这种感情也必须是真诚的。一个画家，一旦想到自己了不起，一定要成为第一，就一定出不来好作品。有人说我没有架子，我的确没有。我只不过是个喜爱文艺的文艺工作者。我喜欢非常一般的、非常通俗的风格。我对中国书画艺术，由崇拜热爱，进而追求，开始学画迄今已有 40 多年了。在艰辛曲折、苦苦摸索的创作实践中，我渐渐领悟到其妙无穷，其意无穷。越学也就越明白为什么我的家乡人、我们中国人，还有许多外国朋友对中国书画艺术推崇备至的原因。我认为作为一个有个性的中国画家只有将自己、将自己的作品和千千万万的读者连在一起，才会取得社会的回应，才会成功。"

的确，王成喜的画作像他的为人，充满着来自丰厚土壤的无限生机。

画坛大师李可染的艺术之路

———

张一峰

1999 年 10 月 30 日，中国美术馆隆重举办了"东方既白——李可染艺术展"。艺术展前言写道："李可染以对中国绘画艺术前所未有的使命承担，以最大的功力打入传统，又以最大的勇气打出传统，致力于探求根植于民族文化并融通中西的艺术创作道路，终于登上了可以鸟瞰世界艺术原野的高峰。"他是中国文化在绘画艺术领域的一代托命之人。

快哉亭中一痴童

李可染 1907 年出生于江苏徐州，父母都没有文化，对子女学业从不过问，李可染得以逍遥自在，经常悠游于民间游乐场所，模拟仿效，乐此不疲。可染自幼聪慧，痴迷书法、京剧与民间音乐，尤喜绘画。9 岁时，他曾按照脑中印象，仿徐州书家苗聚五笔意，写四尺大幅"畅怀"二字，观者无不惊叹。此后求写对联者络绎不绝。而可染真正迈向艺术殿堂是在 13 岁一个偶然的机缘。

　　离可染家不远处有一片幽静雅致的园林，园林以快哉亭为中心。据说北宋著名诗人苏东坡任徐州知州时，常与友人来此吟诗作画，此亭由此远近闻名，并成为文人们经常聚集的场所。园林后面有一段旧城墙，是可染常常玩耍的地方。这年暑假的一天，小可染又来到此处，无意中发现一间平房内有人作画，十分欣喜。他顺着城墙滑下去，趴在窗口静静观看，整个身心都被吸引过去。

　　屋内有几位老人，其中一人正挥毫画梅，只见他先画出枝干，然后以红笔圈花，画面的境界便随着老人的手起笔落铺展开来。小可染仿佛来到一个别有洞天的神仙世界，全身说不出的喜悦。他痴痴地看着，一直到夜幕降临，老人们都离开了，他才一个人慢慢回家。第二天，可染起一大早，黎明时便来到快哉亭，等几位老人先后到来，小可染继续趴在窗外，静静地盯着他们作画。如此连续三天。一位先生长叹一声道："后生可畏。"然后连连招手，让他进去。从此，小可染天天必到，帮先生们洗砚磨墨，打扫房间。白天他看先生们作画，认真琢磨；晚上回去用心模仿，画出大量的作品。过了一段时间，他把模仿画作拿去给先生们看，先生们大吃一惊，重新看待眼前这位小孩。众人将画家钱食芝推举出来，让他收可染为徒。钱食芝欣然应许，成为可染艺术生涯中的第一位恩师。

　　钱食芝，字松龄，山水画家，师承王石谷，在传统绘画上有相当造诣。他非常看重可染，正式拜师后，钱师花了整整一个星期的时间，在四尺整幅宣纸上，认认真真画了一幅"四王"模式的大帧山水中堂送给可染。钱师已预料到可染日后的前程不可限量，附诗一首写着"童年能弄墨，灵敏世应稀，汝子鹏搏上，余惭鹅退飞"，认为可染日后必将青出于蓝而胜于蓝。

独特画风得赏识

李可染 16 岁时考入上海美术专门学校。在校期间，他曾聆听康有为先生的演讲。康有为在演讲中提到"周游全球，以为中国绘画为世界艺术之高峰"，让可染极为振奋。毕业时，李可染创作了一幅工细的山水中堂，名列全校第一，时任校长的刘海粟亲笔为之题跋。

离开上海后，李可染任教于徐州私立艺专，并在 19 岁时举办了第一次画展。1929 年，李可染得知杭州西湖国立艺术院招收研究生，遂前往应试。

在风景如画的西湖岸边，可染被大自然的无限风光深深感染，为之激动不已。在这儿，他结识了来自山东的考生张眺，两人志同道合，成为挚友。当时，可染面临着巨大的挑战。论学历，他毕业于中专，报考研究生显然不够资历。论专业，他学的是国画专业，而艺术院的招生章程中规定，必须通过油画主科考试。怎么办？让从未学过油画的李可染参加油画考试，怎么能行？

就在李可染忧心如焚的时候，张眺及时帮助了他。经过短期的"培训"，李可染从张眺处学到油画的基本技法。他有国画的功底，悟性很高，再加上张眺一再鼓励他要有自己的风格，他进步神速。考试中，李可染的画竟被艺术院校长林风眠看中，认为其画风独特，雄厚大胆有气魄，于是破格录取。这对李可染来说，是一个改变命运的转折点。

春天的花开了，李可染在杭州西湖国立艺术院开始崭新的生活。他在恩师林风眠和法籍教授克罗多的指导下，专攻素描与油画，并自修国画，研习美术史论，与好友张眺同时加入进步团体"一八艺社"。他如饥似渴地饱汲着外来的营养，努力学习西方绘画，对西方印象派和后期印象派有了深入了解。他放开眼光看世界，对文艺复兴时期的大师如米开朗琪罗、达·芬奇、波蒂彻利等人的作品十分钦佩；喜欢米勒的画作，认为其感人至深；伦勃朗则用笔豪放，表现力强；尤其是鲁迅出版的珂勒惠支画集，令可染受益良多……

来自四面八方的思想吹入李可染的脑海，这是李可染一生非常重要的时期。林风眠先生高尚的人格与高洁的画风，以及大学内民主进步的风气，都对李可染产生了巨大影响。这为他日后大展宏图，将西方艺术中的优点融入中国绘画而大放异彩奠定了坚实的基础。

"一八艺社"是鲁迅先生培育的进步青年美术团体，李可染积极参与其中的活动，渐渐与张眺成为杭州"一八艺社"的领袖人物，共同为新艺术的蓬勃发展做着不懈的努力，代表着新艺术运动的希望。然而，由于当局的迫害，"一八艺社"不久以后被迫解散。同年秋，李可染也因艺社活动被迫离校。在林风眠恩师的帮助下潜离西湖，返回故乡，在徐州私立艺专任教。

1938 年，李可染到达武汉，参加由周恩来、郭沫若领导的政治部第三厅做抗战宣传工作，画了许多爱国宣传画，其中以《是谁破坏了你快乐的家园》影响最大。他以愤怒的画笔激发人民对侵略者的仇恨。后来，三厅改为文化工作委员会，李可染在郭沫若领导下工作，达五年之久。

1941 年，文委会的工作告一段落，李可染重新恢复中国画的研究，逐步进入他创作的第一个时期"古典期"。

"以最大的功力打进去，以最大的勇气打出去"

"水牛/水牛/你最最可爱/你有中国作风/中国气派/坚毅雄浑无私/阔达悠闲和蔼/任是怎样辛劳/你都能够忍耐……"

这是郭沫若先生的诗作《水牛赞》，写于 1942 年。当时，李可染正与郭沫若一起，居住在重庆金刚坡下的农舍。他曾回忆这段经历："当时我住在重庆金刚坡下农民家里，住房紧邻着牛棚。一头壮大的水牛，天天见面，它白天出去耕地，夜间吃草，喘气、啃啼、蹭痒我都听得清清楚楚。记得鲁迅曾把自己比作吃草、挤奶水的牛，郭沫若写过一篇《水牛赞》，世界上有不少对人民有贡献的艺术家、科学家把自己比作牛，我觉得牛不仅具有终生辛勤劳动、鞠躬尽瘁的品质，它的形象也着实可爱。于是就以我的'邻居'做'模特'，开始用水墨画起牛来了。"

此后，李可染一发不可收，终生画牛，并以"师牛堂"作为画室的名字，把自己的人格与风韵融入画牛当中。

也就是在1942年，著名画家徐悲鸿在某会议厅发现了李可染的水彩风景画，赞叹不已。随即写信给可染，并附水墨画《猫图》赠送，希望以此交换水彩风景画一幅。两画家开始订交，友情不断加深，为可染进一步发展提供了机会。

次年，李可染应重庆国立艺专校长陈之佛邀聘，任中国画讲师，全心致力于中国画的教学、创作与研究。他有心变革中国绘画，定下自己的座右铭："传统必须继承，要用最大的功力打进去，用最大的勇气打出来。"这成为他一生的艺术追求。

这一时期，他博览历代名家作品，选择董源、巨然、郭熙、李成、范宽、李唐、黄公望诸人作为主要研究对象。清初的渐江、八大山人、石谿、石涛等人的作品，也成为李可染饱汲艺术营养的源泉。尤其是石涛，从传统中来而不为传统所囿，强调深入生活，追求创造性的思想与画风，对可染影响巨大。可染画《松下观瀑图》，潜心传统，但处处未落前人窠臼，显示出不凡功力，初见大家风范。

李可染以山水写意画著称于世，其实他的人物画同样具有突出的成就。其《执扇仕女》图，高古细笔，刻画入神。他的钟馗图也是一绝，有阴气森森的，也有貌似粗鲁实则憨厚的，形象多样，均达到形与神的高度统一。此外，平民、和尚、历史人物如屈原、李白、杜甫、王羲之等，既是可染学习的对象，也是他画中的角色。这些画作使可染的画廊变得更加丰富多彩。

游子旧都拜恩师

1946 年，李可染艺术生涯中的又一关键时刻出现了。两份聘书同时到达他的手中，一份是母校杭州国立艺专发来的，另一份是徐悲鸿请他到北平国立艺专的。毋庸置疑，李可染对母校感情深厚，回母校工作可以了他的心愿。可是，后者更有吸引力，北平是中国文化古城，有故宫藏画，还有李可染素来仰慕的大师齐白石、黄宾虹。

此时李可染 40 岁，在中国画坛已有较高声誉，然而他觉得自己最紧要的还是学习，向前辈艺术家学习，抓住艺术传统的接力棒。到北平不久，经徐悲鸿引荐，李可染见到了心仪已久的 80 多岁高龄的齐白石，表达了自己想拜师求教的心情。当时齐白石门生三千，对李可染并没有特别注意。1947 年春，李可染带了 20 幅作品再次登门拜见齐白石，由此引出一段动人的故事。

那一天，齐白石正在躺椅上养神，李可染将画送到他的手边，他顺手接过。起初他还是半躺着看，待看了两张以后，他已不知不觉地坐了起来，仔细地端详，再继续看，齐老的眼里放出亮光，身子也随着站了起来，边看边说："这才是大写意呢！"齐白石晚年有个习惯，认画不认人，看完画以后，他将注意力转移到李可染身上，问："你就是李可染？"李可染忙回答。齐老高兴了，赞许道："30 年前我看到徐青藤真迹，没想到 30 年后看到你这个年轻人的作品。不容易呀。"徐青藤即徐渭，明朝著名的花鸟、山水画家，其画用笔豪放恣纵，潇洒飘逸，名重一时，对后世亦有极大影响。齐白石生平十分推崇徐渭，由此可见他对可染的赏识。齐老还满含深意地说："但是，你的画就像写草书。我一辈子都想写草书，可我仍在写正楷呀……"就这样，齐白石与李可染以画为媒，一下子变得十分亲近，结下了不解之缘。

不久之后，李可染正式成为齐白石的得意弟子，十年工夫，尽得齐师艺术精髓。

齐白石将晚年收弟子视为人生一大快事，对可染十分推重。他曾画《五蟹图》送给可染，上面题句："昔司马相如文章横行天下，今可染弟书画可以横行也。"可染画一幅写意人物《瓜架老人图》，齐师题句曰："可染弟画此幅，作为青藤图可矣。若使青藤老人自为之，恐无此超逸也。"还在《耙草歇牛图》上题："心思手作，不愧乾嘉间以后继起高手，八十七岁白石丁亥。"

可染对齐师有深厚的感情，直到晚年仍怀念着恩师。他多次提及："我在齐白石老师家学画 10 年，主要学他的创作态度和笔墨功夫。""我从师齐白石，最大的心得是线条不能快，好的线条要完全主动，要完全控制，控制到每一点，达到积点成线的程度。"他学的是齐师的精髓，却不是所画题材。常入齐老画面的虾、蟹之类便很少出现在可染画中。

1984 年，李可染为湖南湘潭举行的纪念齐白石诞生 120 周年大会赠对联一副，表达对恩师的怀念之情，联曰："游子旧都拜国手，学童白发念恩师。"

在拜齐白石为师的同年，李可染还投师黄宾虹门下。黄宾虹的画风与齐白石截然相反。齐白石先生的笔墨讲究简洁，简到无法再简；黄宾虹先生的笔墨则讲究浓重，繁到不能再繁。两人风格不同，却均达到当时画坛的顶峰。黄师性格爽朗，宽厚待人。他的敬业精神深深激励着可染，认为"前辈老师用功之勤苦，实非我等后辈所及"。而黄师之"积墨法"可谓一绝，给可染很大的教益。他后来总结说："画山水要层次深厚，就要用积墨法，积墨法最重要也最难，黄宾虹最精此道。"

可贵者胆，所要者魂

为变革中国画，李可染于 1954 年镌"可贵者胆""所要者魂"两方印章，背负画具，徒步走向大自然。从此时起，他将中国古代山水大家师法造化的传统，转变为面向自然，对景写生，"要以最大的勇气打出来"，其艺术历程也由古典期进入转型期。

他以顽强的毅力，先后持续进行江南写生、长江写生、东德写生、两度桂林写生、三次广东写生……从 1954 年到 1964 年十年间，他行程十数万里，克服了无数困难，也创下辉煌的业绩。

祖国的山山水水召唤着他，使他游思万里，神飞笔下。他在绘画过程中巧妙地将中西方画法融合在一起，既取景于造化，又要超乎其上，创造出真正的大意境。

李可染最重意境之美。他的《万山红遍》，大量运用朱砂，以墨为底，红作主调，酣畅淋漓地将毛泽东"万山红遍，层林尽染"的境界表现出来。全图风格艳丽、静穆，又庄重又热烈，以积色法与积墨法两者并用的手法，将"红"画透、画遍。《雨亦奇》《无锡梅园》《人在万点梅花中》《德累斯顿暮色》等优秀画作，无不体现着或浓郁或清新或迷蒙的意境之美。

李可染的变革精神与变革实践，更为中国绘画做出杰出的贡献。著名画家吴冠中称："李可染是把传统山水画的画室搬进大自然里去的第一人。"著名艺术理论家王朝闻说："李可染面临不同的对象写生，不是简单的写生，而是带着对它的爱，来表现了不同的自然的特点。这特点，照他自己的说法，叫作'魂'。"

这十年，是李可染开拓性的十年，"标志了（中国）传统山水画的一个转折：由写心与模拟阶段向写生与写实阶段"过渡，具有划时代的意义。

白发学童树丰碑

"文革"期间，李可染被迫停笔，他的名作《阳朔胜景图》《快马加鞭图》被指为"黑画"，身心均遭受严重打击。1974 年，他曾患重病失语，靠书写与家人对话。但他没有抛弃他的艺术，艺术就是他的生命。他将自己对生命的思索，贯入书法大楷当中，自创"酱当体"书体，笔势凝重有力，如同碑拓。

1976 年起，随着时代的变迁，李可染走出精神的冰川，重新拿起画笔，书写新的篇章。几年时间，李可染已成为享誉海内外的画坛大师。作家柯岩著专文在《人民日报》介绍李可染其人其画；文化部批示，拍《李可染的山水艺术》纪录片；李可染画展在海内外展出并多次获大奖；《李可染画语》出版；李可染故居被修复；李可染艺术基金会成立；各种各样关于李可染的研究广泛开展……

从 1979 年到 1989 年，李可染的画风有了令人惊奇的变化。他由描绘对象的丰富性转向笔墨形式的丰富性，由写生向写意、由对象向形式自身的变化，重新靠近了文人画的传统，但并非文人画。画中的空间层次更加微妙深远，场面更加大气磅礴，意境更加丰富自由，不追求完全符合实景，追求的是似与不似之间的神韵精华，真正达到返璞归真无可比拟的境界。对此，李可染曾欣慰地说："晚岁信手涂抹，竟能苍劲腴润，腕底生辉，笔不着纸，力似千钧，此中底细非长于实践独具慧眼者不能也。"

李可染晚年镌不少印语，表达他的艺术主张与精神追求。他于 1986

年刻"为祖国河山立传",表达他对祖国的无比挚爱之情,也体现了他一生的艺术观念。1989年刻"东方既白",题跋曰:"有人谓中国文艺传统已至穷途末路,而我却预见东方文艺复兴曙光",表达他对中国绘画艺术的深刻理解和无比信心。他特地请画家唐云刻"白发学童""七十始知己无知"印,觉得天地之大、万物之多,自己真是微不足道。他的"凝于神"印语,出自孔子"用志不分,乃凝于神"之语,是他艺术世界最精确的写照,他把全部身心都凝结于艺术当中,创造了无比瑰丽的艺术作品。

当李可染先生于1989年去世时,中国画坛少了一位大宗师。

皇族画家溥松窗

———
邹士方

他没有非凡的经历，也不是才华横溢、声名显赫的人物。他是一位普普通通的画家。

他出身于清朝皇族，本名为佺，是惇亲王的孙子，算起来道光皇帝是他的曾祖父。他的父兄、姐姐都喜欢绘画，在他五六岁的时候就受到家庭的熏陶。十五六岁他正式开始学画，潜心砥砺，吐露芳华，没有师承，完全是家传。

在他20岁左右的时候，他的长兄书画家溥雪斋（碤）在北京组织了"松风画会"，这是一种别开生面的"美术沙龙"。他的哥哥溥毅斋（伒）、弟弟溥佐，以及满族书画家和季笙、恩稚云（关松房）、祁井西、启功、溥心（儒）、叶仰曦、惠孝同（均）和他都成为这个"沙龙"的成员。为了体现"沙龙"高洁的格调，他们都起了个带"松"字的别号，如：溥雪斋叫"松风"（自称"松风主人"），溥佐叫"松龛"，和季笙叫"松云"，恩稚云叫"松房"，启功叫"松壑"，溥心叫"松巢"，惠孝同叫"松溪"，叶仰曦叫"松荫"……而他自己就叫了"松窗"。

那时他们每星期在雪斋家中聚会一次，研讨画理，挥笔作画，书生豪气，风流潇洒。有几次他们还开办了画展，而且出售作品。但是展出地点不是在什么公园或其他公共场所，而是在"松风主人"家中。参观者、购买者大都是他们的亲朋故旧。

在"美术沙龙"里，成员彼此沾亲带故，总是笼罩着一种温馨的气氛。这时的松窗完全成为一位沉浸在艺术世界里的骄子。"沙龙"中的大多数人都比松窗年长十余岁（只有启功长他一岁，溥佐比他年幼），兄长们的画技在当时来说已属上乘。转益多师，旁投博采，松窗得到他们的指点，进步很快。就是在兄长们的海阔天空、谈古论今中他也受益匪浅。他潜修苦练，终登佳境。①

1936年他22岁就担任了辅仁大学美术系讲师，教授国画山水。他自己的特长本是山水、马、竹三者，花卉偶画一些（他第一次学画时画的就是工笔牡丹）。"松风画会"的诸位都以山水为主（只有和季笙画一点花卉），由于这种影响，他对山水画也颇有造诣。现在他在大学讲授山水画课程，研究的注意力自然转向了山水画。

这一时期他在京津两地多次举办画展，第一次画展设在中山公园，与启功合办。抗战时他在北平国立艺专担任教授，继续讲授山水画。胜利后又在辅仁美术系教书，同汪慎生、陆鸿年等同系共事。其时启功也在辅仁教授国文。

新中国成立后他离开了美术教育岗位，专业从事创作，先后任北京中国画研究会执行委员和秘书处主任，北京中国画院画士。粉碎"四人帮"以后，北京中国画院改为北京画院，他继续任画士。

---

① 现在"松风画会"的人大都故去，只有溥松窗同启功（现为中国书法家协会副主席，北京师范大学教授，全国政协常委）、溥佐（天津美院教授，全国政协委员）健在。

他生在北京，执教于北京，几十年来没离开故土一步。新中国成立前由于个人条件所限，他深入实际生活，考察名山大川的机会很少，基本上是个"学院派"的画家。"以前虽然认识上也知道'读万卷书，行万里路'的重要，但没有做到。新中国成立后党和国家为我们提供了许多便利条件，组织我们到各地写生，使我大开眼界，对我的创作起了极大的推动作用。"他不无感慨地说。

应解放军总政文化部的邀请，他同一些画家沿着红军长征的路线写生，历尽艰辛，三个月，完成了山水长卷，又由人物画家刘继卣、徐燕荪等补画了人物，气势宏伟，波澜壮阔。他画巍峨的二郎山，画"大渡桥横铁索寒"，得到了老舍和叶浅予的赞赏，他们分别在《美术》杂志上撰文加以介绍。他探山访水，观云霞吐纳，晴雨晦明，极山水之变蕴于毫末。他到韶山，登井冈，上黄山，游桂林……中华大地上留下了他辛勤的汗水和坚实的足迹。他的作品《韶山》《井冈山》等得到了社会上的好评。

20世纪50年代他与另外两位"松风画会"的画友溥雪斋、溥毅斋在北京荣宝斋举办过一次颇有纪念意义的联合画展。展出的百十幅作品都是三弟兄合作。雪斋画石、树、水，毅斋画花鸟，松窗画竹子、花卉。真可谓各显神通，珠联璧合，"松风画会"的遗风犹存。展览过后，作品几乎全部被订购。

为表达自己对新生活的喜悦，溥松窗向毛泽东主席赠献作品多幅（其中部分与其他画家合作），这在《毛泽东故居藏书画家赠品集》中可以看到。画家还为人民大会堂创作了许多雄浑浓郁的大型作品。北过厅有他的八尺《风竹》，北大厅有他的一丈二尺的《苍松劲挺万壑争流》，北京厅有他与颜地合作的《长城》，台湾厅有他的《台湾风光》，宁夏厅有他的《六盘山》。钓鱼台国宾馆中还有他的另一幅《二郎山》。

这些作品同伟大的建筑一起被永久地保存下来，受到千百万人的观赏。

他的作品还被当作国际礼品，被外国首脑收藏。他的山水画淡泊清远，格调豪迈，深得五代、宋元画家的笔意；他笔下的马，线条遒劲，生动浑成，继承了唐代韩干、宋朝李公麟、元朝赵子昂的传统，并受到清代郎世宁的影响；他画的竹俊逸挺秀，丰满潇洒，从中可以寻到元朝顾安的韵味。这些作品完全是地道的中国传统风格，出自一位皇族后裔的手下，自有它们的特殊价值和意义。

溥松窗是桃李满天下的教授。几十年前的学生还惦念着这位老师。当年辅仁大学的学生曾昭和女士现在已是美国知名的画家，并担任着夏威夷一所大学的美术系教授。她来看望老师，说不尽的别后思情，道不完的教诲之恩。

教授过去在校外教过的学生白里生曾担任联邦德国驻日公使，知道老师还健在，就托当时西德驻华的大使带给老师自己论艺术的著作，表达对老师的思念，并通过政府邀请老师访德。

溥松窗——这位满族的老画家，新社会给了他政治上的地位和荣誉。他被选为北京市人大代表、市文联理事。粉碎"四人帮"后，古稀之年的溥松窗好像获得了第二个青春，他重吐芬菲，尽情挥洒。他除了应邀到各大专院校讲课和参加社会活动外，总是伏案作画不停。各种展览会上都有他的新作，许多宾馆中留有他的墨迹。他与溥佐为中南海瀛台合作的《松鹤图》，抒发了兄弟二人对祖国的一片深情，给人们留下深刻的印象。

1979 年他与著名花鸟画大师王雪涛共同主持四省市国画展（北京、南京、上海、广东），到了香港，他参展的作品受到当地美术界、新闻界的赞誉。他应邀分别在香港大学和香港中文大学座谈、讲学，并当场挥毫表演，老画家精湛的技法使师生们大开眼界。

他还担任着北京中山书画社顾问和创作委员会的副主任（主任是董寿平）、中国老年书画研究会理事、中国老年文物研究学会顾问、京华书画会理事长。他热心社会公益，两次为抢救大熊猫捐画，两次为"修我长城，爱我中华"活动挥笔。

新中国成立前他画过一幅《万马图》，虽没有最后完成，但四千匹神态各异、风骨不凡的骏马已跃然纸上。在这百花齐放、万马奔腾的新时代里，他要继续完成这幅气势磅礴的巨作，抒发自己对祖国的赤子之情。让我们以欣喜的心情期待着他的杰作的完成！

"北宗山水画"大家孙天牧的艺术人生

———

雨 汀

孙天牧，1911 年 4 月 18 日生于山东，是中央文史馆馆员、中国美术家协会会员、济南"孙墨佛、孙天牧书画馆"名誉馆长。他研习北派山水达十数年之久，对历代的绘画理论和风格各异的表现技法有着渊博的知识和深厚的功力，1953 年至 1956 年，天牧先生在沈阳故宫博物院和北京故宫博物院复制完成的宋·董源《夏景山口待渡图》、王晋卿《渔村小雪图》、赵伯驹《江山秋色图》、李成《寒鸦图》、元·赵子昂《秋郊饮马图》以及唐、宋、元各名家山水画册，至今仍替代原作向中外宾客展出，孙先生对祖国绘画艺术事业所做出的卓越贡献于此可见一斑。

天牧先生在漫长的艺术人生中，曾遇到许多令他人企羡不及的机缘。

一

孙天牧先生的父亲，即辛亥革命老人孙墨佛，生前享有大名，人称"墨佛公"，活了 104 岁。这位长寿老人，还是位革命功臣、奇士。他 24

岁时，胸怀救国拯民的壮志，参加了孙中山创建的同盟会，后追随中山先生干革命，做了孙大总统身边的一名参军。1922年，陈炯明策划叛变，阴谋加害中山先生，被孙墨佛偶然得知，立即密报给中山先生。当陈炯明炮轰总统府时，孙中山先生和宋庆龄女士已在孙墨佛和卫兵保护下，趁着夜色登上"永丰"号军舰入海北上了。孙墨佛后来曾为官一地，推行新政，为民解难，口碑极好。抗战时，因不满国民政府的妥协政策，弃官隐居陕南。他精通儒学，崇尚仁义，一生以诗、酒和书法为伴。写诗达万首，晚年临写孙过庭《书谱》达300遍。新中国成立初，毛泽东主席和周恩来总理倡议"敬老崇文"，成立中央文史研究馆。周总理亲自把聘书交到墨佛公手中，老人成了第一批馆员。

天牧先生为有这样一位父亲感到幸运。也许是具备了墨佛公的遗传基因，他也有着山东人常见的魁梧身材和豪爽厚直的性格。齐鲁之地是出圣人的地方，如至圣孔子、亚圣孟子、书圣王羲之、兵圣孙武等。牧老为人也是崇仁尚义、守信重情。他从小对写写画画有兴趣，父亲就给予勉励支持。1927年，天牧随父赴豫，进入河南艺校学习绘画。三年后，又考入华北大学艺术系继续深造。1937年后，天牧移居天津，从学清代"四王"山水，转向专攻明代沈周和董其昌画法，同时，对北宗山水名家唐寅、仇英格外喜欢，他和很多学艺术的人一样常常眼高手低，天牧虽终日苦练，仍不得要领，盼有人为自己指点迷津。有一天，去观摩一个联合画展，他被一幅仿仇英的山水画所倾倒，刚劲的笔触、绚丽的色调，以及奇美的意境和神韵，使得正在苦苦寻觅中的天牧大为叹服，他驻足良久，不忍离去。再看画上落款，写的是"陈少梅"。第二天，他鼓足勇气敲开了陈少梅先生家的门，说要拜师学艺。陈少梅问了两句，让他三天后拿一张画来看看。三天后两人再见时，陈先生说"不行"，又说自己学生已很多了。天牧急出一头汗，再三表示对陈师的景仰和学画的坚志，于是，被感动了的陈少梅收下了这位年岁不算小的学生。陈少梅在当时画界是个了不得的人物，称为"神童"，当时名家金北楼的"关门弟子"。在"中国画学研究会"里，陈先生年龄最小，可画格最高。21 岁时，陈以一画参展比利时建国百年纪念国际博览会，得了银奖。他画的山水人物，是真正的宋人风范，且又得明贤笔法精髓，画名与张大千、吴湖帆并肩。可惜英年早逝，死时才 45 岁。天牧对老师崇拜得五体投地，所以学得认真刻苦。他曾回忆说："我跟陈先生学，等于跟宋、明好多名家学。他虽只比我大两三岁，可人太聪明了，人品也高。陈先生对我特别好，当时学费是交一袋白面，后来也免了我的。"陈先生还让天牧"吃小灶"，师兄们表示不满，陈先生笑笑不理睬，后来就直言相告：在我的学生当中，唯有天牧是最"用心"的。当天牧的水平大大高出同辈时，陈先生就让他为自己"代笔"，画山水。另一位女高才生冯忠莲，则代笔画人物，后来陈先生和冯忠莲喜结连理。牧老动情地说："我跟陈先生达 10 年之久，这是我一生中最大的幸运！为此，我手不释笔，情不别移，心无旁骛。如果不遇明师，我恐怕会糊涂一辈子。"

二

牧老还有一件幸运的事是，就是他有着一位值得感激的岳父。岳父卢之美，也是山东莱阳人，而且两家住得还不远，后来才联了姻缘。卢先生早年留学德国，随医学博士容克学西医，且精通德语。后来博士来华在天津开诊所，卢就成了他的助手和翻译。辛亥革命后，清帝逊位，从紫禁城移居天津小洋楼，众多的皇室贵戚、遗老逸民以及北洋时期的许多政要权贵，也都住进了新盖的公馆里，容克常被请去给他们治病，卢先生则为双方联系和翻译，为此也跻身名流。这些富贵人家手中都有

不少古代法书名画，天牧就凭借着岳父的关系，出入豪宅官邸，这其中
有袁（世凯）公馆、段（祺瑞）公馆、黎（元洪）公馆、曹（锟）公
馆、小德张（慈禧太后太监）公馆等。天牧遍览这些平生难得一见的古
代名迹，一看就是两三个钟头，兴奋、激动，真是难以言表。主人招待
也极周至，还常常讲述画的来历和优劣以及各位画家的"绝妙"处，天
牧眼界大开，见识猛增。后来熟了，还去临摹，如宋人画的《雪窗观梅
图》《望月图》《听泉图》；如明人画的《树荫联吟图》《溪山行旅图》
等。这期间他的画技又大大长进。岳父本人也爱书画，还是个收藏家，
曾收藏有元代赵子昂的《仕人骑马图》、八大山人、石涛、刘墉等人的
作品，以及近代黎元洪、徐世昌等名人手迹。让人心痛的是，"文革"
时都被抄了、烧了。卢之美先生活了97岁，1996年无疾而终。

　　天牧还得到过许多前辈名家的鼓励和指点。1953年，他把自己画好
的三幅山水，放在琉璃厂桐焕阁托裱，年逾90岁的齐白石先生正巧去
店办事时，看到了挂在壁上的这三幅画，说画得不错。店主孙桂桐就
问："您老看看这人有多大岁数？"白石老人沉吟道："功力不浅，估计
岁数不小。"张说："这人才40岁上下。"老人脸上顿现惊愕，连连夸
赞，说，"大有宋人之风"！而并不知道此一节的墨佛公，几天后领着天
牧去拜望白石老人，带去的正是这三幅画，想请老人指教，白石大师高
兴地说"见过"，然后给天牧讲画，临别时鼓励说："天牧学宋，必成
大器。"不久，白石老人又推荐他加入中国画学研究会，他的画被送去
参加第一届全国国画展览。

三

　　1953年，沈阳故宫博物馆到北京延揽人才，想招聘几个临摹复制古
画的高手，天牧前去见沈博的两位领导——杨仁凯和沈延毅先生，杨、

沈二人一看，奇怪地问："不说是位老先生吗？"天牧没言语。因为刚开始不了解，似乎不大信任，拿一些名位不大的古人画作交天牧临摹。一次，杨、沈二人到工作室来看天牧临画，发现他笔墨功力确实不凡，就试着问："你能临五代董源的《夏景山口待渡图》吗？"天牧答道："能！"杨、沈笑道："天牧同志口气不小，不少人临过这幅画，最多也只能达三四成像，你能临像吗？""还没让我去研究、去画，怎能先说像不像呢？"天牧这话虽然直，却也有几分道理，杨、沈笑了，说："好，那么就先把《夏景图》末尾一段试临一下。"几天后，杨、沈看了临作，很满意，说差不多是九成了。几个月后，天牧交上了《夏景图》长卷的复制品。杨、沈等领导和专家评价是"堪称下真迹一等""当今恐怕无二"。之后，天牧又为沈博临摹复制了宋代郭熙的《溪山行旅图》、李成的《寒鸦图》和《寒林图》、刘松年的《松窗读易图》等10幅古代名迹。沈博对天牧先生的工作非常满意。

1956年，天牧在北京荣宝斋工作。当时的经理侯凯、王仁山和故宫博物院院长吴仲超商议复制故宫所藏部分古画的事。具体做法是，先派人去故宫临摹复制，接着拿回复制品由荣宝斋搞木版水印、限量发行，完后再将复制品送交故宫，以代替原作对外展览。这是一种既能保护好国宝，又能让人民群众得到观赏名迹和买到上等印刷品的双赢举措。经验丰富的天牧先生被派往故宫。经历了三个春秋寒暑，他为故宫复制了宋代王晋卿的《渔村小雪图》、王诜的《玉楼春思图》、马远的《梅石溪凫图》、陈居中的《四羊图》、元代赵子昂的《秋郊饮马图》和《雪江买鱼图》、赵忠穆的《寒江澄月图》、惠崇的《沙汀烟树图》和萧的《红山秋树图》。牧老回忆说："故宫那时没食堂，我每天揣着两个馒头或包子，从家（住菜市口）步行到故宫，坐下来，喘口气，就全身心地画起来。忘了喝水、吃饭，也忘了上厕所，故宫房子高大厚实，夏天不算太热，冬天没有火炉（为了保护古建筑），很冷，但我都不在意，和国宝挨得这么近，我屏着呼吸，一点一点地看，一笔一笔地临，满心都是敬畏和虔诚。屋里静极了，入耳是自己的心跳声，还有窗外落雪的簌簌声。"

一次临完《秋郊饮马图》，天牧发现原画的"马"，敷色饱满、凝重，而自己试了几次都达不到理想效果。他小心地把原作掀转过来，贴近细看，才发现画家在"马"的"背面"，用朱砂巧妙地揉擦过，使得"马"的"正面"的棕色厚重而生动。还有临摹《寒江澄月图》时，见原作上的"水纹"有动感，原来是画家上下两笔分画，若用别的方法画，显然出不来真迹中的效果。"这样的发现和心得，只有我才有。"——牧老得意地说。

四

1960 年，孙天牧应聘往吉林艺术学院任教。为给国家培养艺术人才，他极为尽责，深受学生们尊敬。他边教学边创作，到林区去写生、体验生活，还去内蒙古哲里木盟库伦旗去考察壁画。这些积累，使他后期创作的《林海朝晖》《层林尽染》《吉林汪清秋光图》等力作，令人耳目一新，笔墨色彩、构图、意境等都证明了它是以传统技法为根底，以现实生活为依托，从而取得一种崭新的飞跃，学古而不泥古，承前不忘启后，耄耋之年的牧老在艺术上不服老的精神和成果，让同辈称道，后学钦佩。启功先生后来为《孙天牧画集》作序，称赞天牧先生是："寿登九十有一，而笔力坚卓，设色大方，无丝毫暮年风貌。"

牧老除有着别人没有过的运气和机缘，也有着"文革"时难忘的苦难：孙家过去算是个旧式家庭，在"横扫一切"的年代里，红卫兵把大字报贴到他家的院里、屋里，年迈的墨佛公虽没遭批斗游街，但也"不能乱说乱动",被关在屋里"语录"。天牧先生身为教师,自然是首当其冲,先被赶下讲台,不能再教课。又因查不出"历史问题",且无"现行活动",于是被勒令去看传达室,前后近10年之久。天牧先生为人一向忠厚正派,心怀坦荡,对同时被批被改造的同事们常常表示关心,像张伯驹、潘素夫妇就得到他不少开导和友爱。那时他非常牵挂北京家里,连连写信给妻子卢氏,说赶紧把家里的"四旧"——字画、古书、古瓷等处理掉,以保老小平安。妻子回信说处理了。他才放心,但接着是彻夜难眠,因为那些都是灿烂文化呀,是无价财宝呀!那些浸透了自己几十年心血的画作和父子两代用苦心和节俭换来的藏品,一旦付之一炬,就绝不会再有,可他这种痛惜和无奈的心情却无法表达出来。1973年,北京饭店接到周总理指示,召集老画家为宾馆布置作画,天牧老也从吉林赶回北京,被压制和迫害多年的画坛高手们一时来了精神,大家兴致勃勃地画了一批作品,不料还没展出,就遭到"四人帮"的压制,老画家们都被审查批判。牧老一怒之下,撕碎了自己的画。视若生命的艺术被践踏扼杀,身心家小处于危境,加上单位人际关系险恶,"批黑画"过后,他就向学院革委会辞了职。1976年,牧老回到北京之后,隐居息影,在家侍奉年已望百的老父。他相信,悠久灿烂的传统文化不会消亡。他躲进小楼,重整笔砚,皴皴染染,或整理旧稿,或构思新作。直到1985年,恢复了的中央文史研究馆聘他为馆员时,年过七旬的牧老这时才仿佛又回到了青年时代。当时墨佛公尚健,父子同为文史馆员,两代都是艺术大家,一时传为佳话。

　　牧老如今儿孙满堂,家庭祥和。长子夫妇和孙子孙女都跟他学过画,二子从事京剧演奏工作,是地道的"艺术之家"。他常常想起自己80年绘画历程中,曾经指引和扶助过自己的慈父、恩师、岳父和像白石大师那样的前辈,这其中还应包括5年前病逝的相濡以沫的妻子。

　　还得补说一节，就是"文革"初，他写信让妻子把字画"处理"掉。"文革"结束时，卢夫人才告诉他，她把那些字画都叠成信封大小的纸块儿，有几百个，然后偷偷藏好。牧老知道后，忍不住流下眼泪，大声向妻子说："我真不知怎么感谢你呀！"去年10月，在中国美术馆举办了牧老80年绘画生涯汇报展，他说，我一下拿出这么多作品，老伴功不可没啊！

　　记录下天牧老人这些故人往事，不免与他一起感慨系之。文至结尾，特以四句小诗相奉：

　　　　宋范明风惊又见，春山秋水总清妍。

　　　　几番雨打风吹过，珍重丹青世世缘。

绘画大师吕凤子

———

金宝山

与徐悲鸿、齐白石齐名的美术教育家、绘画大师吕凤子，1910 年在上海创办神州美术院。这是中国最早的一所美术专科学校。

吕凤子从江南小城走出，一生历尽坎坷，人们称其为"有传奇色彩的艺术奇才"。

婚姻不幸 负气离家

吕凤子，名濬，字凤痴，别署凤先生。江苏丹阳人，1885 年出生大户人家。他是一位地地道道的学人，举凡经史诸子，以及西方哲学，无不融会贯通；15 岁考中秀才，一时号为"江南才子"。

八国联军攻陷北京，吕凤子受到很深的刺激，激发起爱国热情，19 岁时投笔从戎，进入苏州武备学堂，精研武术、射击，期望能兴我中华。之后，他一百八十度转变，改攻美术，在南京两江优级师范学堂（南京高等师范、东南大学、国立中央大学前身）毕业，走上"教育救国"的道路。

父亲吕守成在上海开过钱庄，拥有万贯家产。1906 年，吕守成病重。这时媒婆上门，说"冲喜"可以清除病灾，吕守成轻信了，强行安排吕凤子与从未谋面的韩氏小姐拜堂成婚。吕凤子风流倜傥，而新娘韩氏小姐却是痴呆儿，吕凤子独坐洞房桌前，一夜发呆。次日天刚蒙蒙亮，他就气愤地离家出走，搭火车赶往南京读书去了。后来，他与情趣相投、年轻貌美的胡玉缔结了百年之好，生下四男四女。处世奇特、博学多才的凤先生给子女们起的名字也很古怪，四个儿子的名字均带"病"字头，依次叫去疾、去病、去痴、去癖；四个女儿的名均带"无"字，依次叫无愆、无咎、无非、无黍。顺应吕凤子的夙愿，他的八个子女大多是很有名望的艺术家、教育家和高级工程师。

李瑞清慧眼识才　收"凤雏"为入室弟子

1907 年，吕凤子报考两江优级师范学堂。该校监督（校长）是晚清翰林、清道人李瑞清。他无意仕途，认为"救国之道应停科举，广办新学，旨在办好师范"。

吕凤子不重外表修饰，考试那日头戴瓜皮小帽，拖着一根油光水滑的长辫子，几个主考的先生看不惯，说他是浮滑的公子哥儿，虽一致认为他文章出众，才气横溢，但担心他品行不端，斟来酌去，最后都主张不取他。吕凤子得到消息，心忧如焚，求丹阳姜证禅先生出面说情。姜了解吕的人品，愿出力相助。此公与李瑞清熟识，便带着吕凤子赶往南京见李瑞清，姜证禅坦诚地说："李监督，凤子是个外圆内方的好孩子，不可有眼不识'凤雏'啊！"李端清找来吕凤子的考卷，细读之后，啧啧称赞："没一点齐梁浮艳之气，颇具汉魏刚健风骨，真有出山虎的气概，吾很久没读到这样的好文章了！"他又考问吕凤子一番，情不自禁地击案笑曰:"此人可造!"吕凤子遂被录取。他和张大千一同被李收为入室弟子,由李传授书法、传统绘画技艺。吕凤子很有艺术悟性,李瑞清当面夸奖吕凤子:"后生可畏,前途无量!"1909 年,吕凤子毕业,次年留校在两江附中任教。

吕凤子不负老师厚望,从 1910 年起,先后被扬州师范学堂、北京女子高等师范学堂聘为美术教师,31 岁时就升任教授;1928 年任国立中央大学艺术系国画组首席教授。次年被聘为大学院画学研究员,他是中国艺术院校第一个研究员。

拒绝为孙传芳作画

1925 年 11 月,大军阀孙传芳在南京成立浙、闽、苏、皖、赣"五省联军",自封"五省联军总司令",重兵在握,不可一世。他喜欢搜集名人字画。一天,孙传芳带领马副官及卫兵到市中心闲逛,路经一家裱画店,看见店内白壁上悬挂着一幅栩栩如生的仕女图,即要购买。店老板满脸堆笑,鞠躬作揖:"长官大人,这幅画是顾客送来装裱的,小人无权出售,请您见恕。"

一旁的马副官低声对孙传芳说:"这幅美女图是吕凤子画的,司令何不叫他给您画一幅。"原来,马副官前几年曾向吕凤子索画,遭到拒绝,便怀恨在心,于是借机报复。

孙传芳连连点头:"我听说过吕凤子是大画家,擅长画美人。送 300 元大洋去,叫他画一幅漂亮点的美人来!"

马副官向店老板问明吕凤子的住址,驱车直奔江苏丹阳。得知吕在镇江六中当校长,他转头回南京,向孙传芳谎报:"吕凤子嫌钱太少,不肯画。"孙传芳把手一挥:"这好办,你拿 1000 元大洋去。这 1000 元大洋可买一个活美人,难道还买不到他一张纸美人吗?"

马副官带着 1000 元大洋，马不停蹄又赶到镇江，找到了吕凤子，气势汹汹地说："我们孙大帅给你 1000 元大洋，让你画两幅仕女图。"吕凤子一声不吭收下了大洋。两天后，他却托人赴宁将 1000 元大洋退给了孙传芳，附纸托词："为了取悦于人而画，极不自由，也极不愉快，因此也画不好。大洋璧还，乞恕不恭。孙总司令鉴，凤子百拜。"

孙传芳气得暴跳如雷，破口大骂："好个吕凤子，不识抬举的书呆子！"当即命令马副官："你带几个弟兄去，将那狂小子抓来！"

吕凤子早有防备，此前已逃至苏州躲避。马副官等赶到镇江，扑了空。再驱车赶到邻县丹阳梧桐山下吕凤子老宅，仍不见吕凤子身影。马副官气急败坏地掳了些钱财，又抓了吕家两个人做人质，悻悻而返。

消息传开，舆论大哗。孙传芳气得七窍生烟，把马副官叫来，打了他两记耳光，大声骂道："都是你办的好事！弄得老子脸面丢光！快将人质放了。"后来，孙传芳因忙于对付国民军和北伐军，无暇顾及吕凤子，这场风波才平息下去。

捐献家产办女校　婉拒孙中山任职之邀

吕凤子的母亲李氏老夫人，是大家闺秀，知书达理。1912 年，她将儿子从南京召回丹阳，语重心长地说："旧时女子接受教育的机会很少，你应该回家办一所女子学校，向她们传授学问与技艺，让她们将来有自食其力的能力。"吕凤子遵从母命，慷慨捐献家产，在县城中心白云街创办了丹阳唯一的女校——正则女子职业学校。校舍三间，分设小学和妇女补习班两大部分。提倡职业教育，传授绘画、刺绣、养蚕等技艺。吕凤子任名誉校长，韩笔海任教务主任。学校向全国招生，报名者踊跃。

不久，孙中山先生邀吕凤子、韩笔海赴沪。吕凤子的父亲在上海开钱庄时，得知孙中山在组织同盟会、策划武装起义，曾捐出一笔数目不小的钱款。辛亥革命后，孙中山来到上海，答谢捐赠者。此时吕守成已去世，故邀其子吕凤子赴沪。孙中山诚恳地对吕凤子说："我安排你在政府中任职，不知意下如何？"他的本意是以此报答吕家当年捐巨款资助革命之恩。吕凤子微笑婉拒："多谢孙先生盛情，我乃一介书生，志向不在官场。所办正则女校刚刚起步，一时难以分身。"

孙中山颔首笑曰："吕先生笃志办学，精神可嘉。救国之道，也离不开教育，这乃是长远计。我不勉强你了，今后有什么事，遇到什么困难解决不了，可来找我。"他吩咐一名卫士，陪吕、韩两人在上海观光游览。吕凤子人在上海，心在丹阳，他只玩了两三天就向孙中山辞行，赶回丹阳。

吕凤子在正则女校建立了完整的艺术教育体系，规模逐步扩大。该校自幼稚园一直办到大专艺术科，在当时全国仅此一家。吕凤子抱着"以校养校"的宗旨，靠卖字画、卖绣品、生产并出售蚕种收取学费来解决学校经费问题。吕校长本人粗茶淡饭，常年穿布衣布鞋，被师生们称为"布衣校长"。

1915 年，吕凤子写词并谱曲《正则校歌》，校歌词曰："唯生无尽兮，爱无涯。璀灿如华兮，都如霞。畴发其蒙兮，茁其芽。鼓舞欢欣，生趣充塞。正则如秋月，华美呀！"

吕凤子一生办学，他从丹阳起步，延及上海、南京、镇江、扬州和四川等省市。

指点徐悲鸿

1912 年，17 岁的徐悲鸿只身闯荡上海滩卖画，想学西画却找不到门路。经友人介绍，徐结识了吕凤子。吕凤子早年致力西画，精通水彩、油画、素描。听说徐悲鸿想学西画，吕凤子对他说："学西画先要学好素描，打下基础。"于是他免费授艺，教徐悲鸿学素描。吕比徐大九岁，徐尊称吕为老师。徐悲鸿19岁时父亲病故，家境愈窘迫，靠吕凤子和徐的亲友及湖州丝商黄震之慷慨资助，得以勉强度日。徐悲鸿希望能在工读之余，找到去法国留学深造的机会，但现实并不像他预想的那样，身无分文，怎能远涉海外？1916年，"哈同花园"征人画仓颉像，徐悲鸿应征，画了一幅长着四只眼睛的仓颉画像，未料大受赞赏。后住进"哈同花园"，当"家庭画师"，画了两个月。经总管介绍，拜康有为为师，习书法，书艺大进，声誉渐起。1918年2月，应蔡元培之邀，徐北上京华，任北平大学"画法研究会"导师。徐悲鸿赴法国留学八年，于1927年回国后，吕凤子爱才如玉，推荐他到国立中央大学艺术系任教授，艺术系分中国画、西洋画两个组。国画组由吕凤子及其大弟子张书旗和江采白、陈之佛、蒋兆和授课，西画组由徐悲鸿、潘玉良执掌教鞭。西洋画组不少学生选修吕凤子的课程，给了徐悲鸿一个启迪："我的中国画水平不及西洋画，何不趁与凤子先生同事的机会，向他学习水墨画和书法，以求绘画艺术的全面发展。"

吕凤子当时画名甚高。徐悲鸿拜师心切，谦恭地对吕凤子说："以前您教过我素描，现在我再向您学中国画。"吕凤子抱拳答曰："您是西画大师，怎敢收您为弟子？"徐悲鸿坦诚说道："中国有句古语：'三人行必有吾师'，能者为师嘛，不必推辞。"吕凤子执意不肯称师，徐悲鸿转弯子说："那就做个亦师亦友的同道吧！"吕凤子欣然应允。以后每逢散课，吕凤子就向徐悲鸿讲授中国画精髓与技法，有时还挥毫泼墨作示范。徐悲鸿的中国画画艺大进，他笔下的奔马、人物、翎毛、花卉，都受到吕凤子用笔的影响。

一天，"中大"西画组一学生问吕凤子："凤先生，徐悲鸿老师拜在您的门下，听说张书旗老师以前也是您的入室弟子，您可真了不起！"
吕凤子连连摆手："说'及门'可以，说'门下'实在不敢当！"这个
学生不肯罢休，欲意叫吕凤子再开列几个名字。吕凤子笑道："我们做
老师的好比育婴室里的奶妈，要吃奶时找到我们，等长大了，就都离开
了。所以，认我做老师可以，不认我这个老师也可以。青出于蓝而胜于
蓝，这是常有的事。"

1929 年，吕凤子率领中央大学艺术系学生赴庐山写生，他本人画了
数十幅，所创作的《庐山之云》《女儿城》成了他早期的山水画代表
作。这些画摆脱了人间有形无形的拘束，所绘烟云变幻的山水，纵横挥
洒，兴尽即止，不效法任何人，艺术个性强烈。

一天，徐悲鸿讲完课，特地找到吕凤子说："不久将在法国巴黎举
行世界博览会美术展览，凤先生你该寄点作品试试。"

吕凤子谦虚地说："不行，不行，水平还达不到世界展呢。"

徐悲鸿笑道："你承历世之传说，开当代之新风，三百年来第一人，
非凤先生莫属！"

吕凤子连忙插话："三百年来第一人之说实在不妥，不妥！清代乾
隆年间的'扬州八怪'还没超过二百年哩……我岂敢忝列其前？"

说不服吕凤子，徐悲鸿便瞒着他，悄悄地把"中大"教师休息室内
《庐山之云》卸下，寄往巴黎，代吕凤子报名参加。《庐山之云》在巴
黎世界博览会美展展出，十个国家的大画家参加评奖，一致投票评定中
国画《庐山之云》一等奖。几个月后，《庐山之云》又在中央大学教师
休息室里出现，徐悲鸿这才对吕凤子说明此画出国参赛、获奖的经过，
并将一枚圆形奖章面交吕凤子留作纪念。"门生为老师当伯乐"在本校
艺术系传为佳话。

徐悲鸿与吕凤子师生情谊延绵了数十年。新中国成立后，徐悲鸿任

中央美术学院院长、中国美术家协会会长,诚邀吕凤子北上,到中央美术学院任教。吕凤子致函婉言谢辞:"谢谢好意。我的根在江南,目前在江苏师范学院(校址在苏州)任教不能北上了。"

倡导"乱针绣" 名扬海内外

正则艺术专科学校有两位学绩突出的优秀女生:一位名叫杨韫,字瘦玉,后改名杨守玉,字冰若;另一位名叫陶骥,字吟籁。两人都是江苏武进人,皆生得眉清目秀,家里都很富裕。她俩都很崇拜老师吕凤子,抱定独身主义,随师走"教育救国"之路。陶骥甚至将嫁妆费拿出来,在本校建造了一座楼房,捐给学校,吕凤子命名"吟籁楼"。吕凤子为激励杨韫,将绘绣科专用教室命名为"守玉楼"。

吕凤子见杨守玉谦虚好学,又能刺绣,遂对她说:"中国刺绣已有2500多年历史,虽是我国优秀的工艺美术,但流传至今未见突破。我们要大胆创新,来一个变革!"杨守玉欣然赞同,信心十足地说:"老师出理论,我来实践。"于是师生俩开始了新绣种的创造。吕凤子研究西洋画理与中国传统绣理,使两种艺术融为一体,提出试验"乱针绣",取学名为"正则绣"。"乱针绣"的绣品近看针线粗犷,远看似油画,有立体感。"乱针绣"不同于传统刺绣的"排比"针法,而是采用"乱针法",在"乱"中求得变化,求得画面的和谐统一,而且要求刺绣者有很深的绘画功底。杨守玉用六年时间进行实践,终于获得成功,立刻在江苏和上海等地引起不小的轰动。刘海粟在给郭沫若的信中写道:"正则绣(乱针绣),采用乱针法,以针代笔,以色丝为丹青,使绘画与刺绣融会一体,自成品格。""乱针绣"是中国刺绣史上的一大变革。为了推广这个新绣种,吕凤子专门举办乱针绣绣品展览,还集资出版了《正则绣》集。1937年春,第二届全国美展在南京举办,杨守玉送"乱针绣"绣品参展，观者无不称奇。1945 年，杨守玉绣成美国总统罗斯福像，作为国家礼品赠送给美国，至今仍完好如初地陈列在纽约美术馆。

吕家在"乱针绣"艺术方面有两代传人：长子吕去疾、长媳陈显真、女儿吕无咎，孙女吕缘、孙子吕存等。1996 年 2 月，联合国教科文组织授予吕缘"民间工艺美术家"称号。同年 8 月 4 日上午，在秦皇岛北戴河办公的江泽民总书记参观"万博文化城"，他在吕缘的绣画前驻足，对陪同人员说："乱针绣虽是新绣种，也是民族艺术遗产，要好好发扬光大。"当讲解员提到乱针绣倡导者是吕凤子，江泽民插话："吕凤子先生在我的母校扬州师范教过书。"

共赴蜀中办学　陈独秀赞"实属难得"

1937 年，日军全面侵华，抗战军兴。吕凤子不愿附逆，率领妻子儿女和正则艺专部分教师，历尽艰辛，方才到达重庆。

经友人介绍，吕凤子结识张澜、李璜等先生。张、李等慷慨解囊，捐了一大笔钱，吕凤子去偏瘠之地璧山开办了"正则蜀校"。璧山距重庆 100 多里路，市面冷落，无重兵驻守，经常发生行劫事件。一天深夜，一群歹徒破门而入，将吕凤子家的财物掠夺一空，还将赤脚的吕凤子绑起来，押出家门。大约走了 200 多米，附近驻军接到报告，高举火把，前来追匪。慌乱中土匪四散逃窜，丢下吕凤子，他才幸免于难。吕凤子仰天哀叹："没有国，哪有家？国破家亡，此恨难消！有些人不参加抗战，却乘人之危抢劫，令人痛恨！"

璧山不能久住，吕凤子举家迁江津。他的新家离中共创始人之一陈独秀的家不远。晚年的陈独秀生活相当困苦，但他拒绝与蒋介石合作，宁可守穷，亦不愿折腰，表现了崇高的气节。吕凤子早年在北京女师执教时，就与陈独秀相识，抗战初期在四川重逢，觅得知音，便常去看望孤独的陈独秀。两人在一起谈论书画，谈论时局与教育问题。吕凤子认为，一个国家若想强大，站稳脚跟，除了历史的契机、地理的渊源、武力的兴盛，最主要的还是文化、文明——一个民族的文化素质如何，决定了国家的前途。陈独秀赞赏吕凤子的观点和实践，他说："在这国难当头的时候，凤先生能继续坚守教育阵地，传播文化艺术，让愚昧的同胞看到光明，实属难得！"

陈立夫出面请出校长　罗斯福捐资助办学

抗战初期，林风眠率领国立杭州艺专师生 130 多人，长途跋涉，抵达重庆。教育部决定，将该校与国立北平艺专合并，改名"国立艺术专科学校"。双方不合，风潮迭起，林风眠愤而辞去校长职，由滕固接任。筹备了两年，国立艺专仍未上课。1940 年，时任教育部部长的陈立夫十分着急，放下架子，亲自登门面请吕凤子出任国立艺专校长，他说："凤先生德高望重，有资格担当此任，不知先生有何想法？"吕凤子不愿与权贵攀附来往，他与陈立夫从未谋面，这次见他礼贤下士，沉吟片刻，答曰："我有五个条件，不答应，即不就聘。"所提的五个条件中，有教育部不要发委任状（即不要给简任官）；不要教育部经费，教育部不要干涉学校用人和教书；本人非国民党员，赌咒许愿的事不想做，不参加每周一上午"国父礼拜"活动……陈立夫全部答应上述条件，另派训育主任负责实施学校政治教育。

国立艺专设在璧山附近，吕凤子兼顾正则蜀校，两头跑，跑一次约步行 30 余里，从不叫苦叫累。那时抗战大后方物资匮乏，师生们生活都很艰苦，吕凤子带头节衣缩食，个人设"吕凤子奖学金"，资助最困难的优秀学生。学费收入微薄，吕凤子作画，亦发动师生创作书画作品出售，将画款用来办学。

1939 年，吕凤子曾为美国总统罗斯福画过一幅人像画，他的弟子张书旗画了一幅《百鸽图》。1941 年初，张书旗作为中国艺术特使，携吕凤子画的《罗斯福像》和自画的《百鸽图》，飞赴美国，参加罗斯福连任总统就职典礼。罗斯福看了吕凤子画的《罗斯福像》，十分满意，捐出 2000 美元，作为赞助吕凤子办学的资金。罗斯福总统还在 1941 年 1 月 20 日专门写了一封信，向吕凤子致谢，信中说："我很高兴接受您珍贵的礼品，对您精湛的艺术和神奇的中国绘画由衷的敬佩……我深信美英苏中等盟国联合进攻之日，将是轴心国军队彻底崩溃之时。我对您十分关注的一点是，您在极其困难的时期从事了一项极其伟大的教育使命。"致谢信和捐款委托张书旗转交。吕凤子收到钱款，自己不留分文，全部用于建造正则第二校院。璧山南门外文风桥畔又多了一所学校，收留了上百名流亡的学生。

陈立夫读了罗斯福致吕凤子的感谢信，亦很激动，因吕凤子是他请来当校长的，他也感到脸上有光。此后，他对正则艺校给予多方支持。为表示谢意，吕凤子特赠送一幅时任该校副教授的杨守玉所绣的乱针法《陈立夫像》给陈立夫。

1989 年 10 月，正则艺专校友、著名画家张杰准备在台北印制《吕凤子先生逝世 30 周年纪念书画册》，时年 89 岁的陈立夫欣然命笔，为之题签并作序，序言中说："余对吕先生之艺术思想、办学精神及其高尚品格，夙所钦佩，自不能无一言。抗战期间，日军占领丹阳，复在重庆璧山创办'正则艺专'、'正则职业学校'及'正则中学'，皆赖其卖画募捐而成，历尽艰辛。以此春风广被，桃李遍四海……"

矢志办学　张大千赞誉吕凤子

1940 年仲春时节，张大千得知吕凤子举家入川，在重庆璧山办正则艺术专科学校的消息，便远道赶来看望他。述及在川办学问题，张大千知道吕凤子缺少经费，便劝说吕凤子不要自找苦吃，还是卖画谋生，可养家糊口。吕凤子坚定地说："矢志办学，吾意决矣！"张大千见他态度坚决，改口道："小弟限于财力，爱莫能助，但无钱可出力啊。这样吧，我助你去成都举办个人画展。"张大千陪同吕凤子赴成都。吕凤子画展一炮打响，鬻画得款五六千元，吕凤子一分钱不留，全部充作办学经费。后来，张大千感慨地说："吕凤子人品高尚，淡泊名利，与世无争，一心办教育，为人师表。"

向往进步　画赠毛泽东

1940 年初，王若飞的舅父黄齐生因参加革命活动遭反动派迫害，逃出老家，从贵阳来到重庆避难，被视为"危害社会分子"。吕凤子不怕牵连，以正则蜀校最高月薪五石米的报酬，聘请黄为文史教授。

黄齐生空闲时间经常到八路军驻重庆办事处，与中共领导人周恩来、董必武、王若飞和郭沫若、陶行知、黄炎培等民主人士接触，听到很多南北抗战形势和民主团结运动的新消息、新思想，及时向吕凤子转述。吕终年不出校门，知道了新消息、天下事，每每兴奋不已。一次，黄齐生对吕说："凤先生，延安是我国革命抗日司令部，宜有所慰问。"吕凤子颇有同感，接受黄齐生的建议，发动师生作书画数百幅，他自己也画了若干幅。黄齐生在其中部分精品上题跋，然后将全部赠品转交给八路军驻重庆办事处，由王若飞带往延安分赠。

1944 年冬，黄齐生再赴延安，偕妻和侄儿、侄女及正则蜀校学生汪承绪等同往。行前，黄齐生向吕凤子辞别，吕凤子特地画两尊罗汉：一尊题《寿者像》，赠毛泽东；一尊题宋人词，赠黄齐生，祝他俩健康长寿。

黄齐生一行抵达延安后，毛泽东亲自到黄的下榻处看望他。黄齐生将吕凤子的画转交给毛泽东，并向毛介绍了吕凤子的生平和他在重庆艰苦办学的情况，毛主席频频点头说："吕凤子先生精神可嘉，他的眼光已经投向了抗战胜利之后，整个民族的文化素质要提高，需要教育。黄先生，你替我转达问候，我还要叶志熊（秘书）写一信谢吕先生。我们在这里开展大生产运动，丰衣足食，而精神食粮正当需要之时。"1946年 3 月 12 日，黄齐生搭机返回重庆时，毛主席又拿出一条延安毛毯，请他转交给吕凤子。

吕凤子在重庆璧山办学九年，共培养学生 1500 余人。1946 年秋，举家东归，返回丹阳老家，在废墟上重建正则艺校。1949 年春，当人民解放军取得胜利、国民党政权摇摇欲坠的时候，陈立夫等纷纷劝吕凤子携全家老小去台湾。吕凤子经过思考，婉言谢辞。

生命垂危　留下绝笔诗画

全国解放，吕凤子看到了希望，他将正则艺专献给人民政府。1951年，吕凤子欣然接受苏南行署文教处之聘，到无锡苏南文教学院任美术教授。次年随校到苏州，在江苏师范学院任教。看到百业复苏、教育事业蒸蒸日上，吕凤子由衷地感到高兴，遂刻了"而今乃得生之乐""老子犹龙"两枚篆章，钤在画上，以彰其志。

1959 年夏，吕凤子患肺癌进入晚期。这一年国庆节，他已生命垂危，还要家人强扶起来，画老松三幅，其中一幅《寿毛主席》，题上思考已久的诗词，诗云："辟地开天畅生力，谁实主之毛主席；主席其神乎？穷通一往变无极。谁使变皆成奇迹，主席其圣乎？——主席非神也。从未自居是圣哲，却自喻拟以而今而后，个个人人都得到炼成的那块历劫不磨铁。不磨铁，能发异光产奇热，光愈明，热愈烈。这便是六亿五千万人民共仰的毛主席。寿毛主席，一九五九年国庆日，卧病苏州，老凤。"

1959 年 12 月 20 日，吕凤子与世长辞，走完了辉煌而传奇的人生之路，享年 73 岁。

追忆董寿平谈艺话人生

———

天　琪

我是 20 世纪 80 年代初拜识董寿平先生的。90 年代，老人家因治病疗养，住在中日友好医院的国际医疗部病房，直到 1997 年病逝。我借妻子在该医院工作的方便条件，在不影响董老休息时，常常去向董老请教、聊天。董老博学、卓识，又健谈，加上待人平和亲切，我得以屡获教音，铭心难忘。我曾做过一些笔记、录音，加上回忆，现略述于下。

出身望族　自幼喜爱笔墨丹青

董寿平先生是山西洪洞县人，董氏是当地的望族名门。我最早是从听京剧《玉堂春》中知道洪洞的，董老说："我就是苏三去过的那个叫洪洞的地方出来的，那时候，整个山西都很闭塞。我父亲最初给我起名'揆'，查字典，是'掌管'的意思，后引申为宰相，意思是让我读好书，将来修、齐、治、平，可我没听他们的。我也没有当宰相的本事。从很小时起我就学习绘画，也写字。画画主要是临摹，画得很不好，但我很用心，很有兴趣。后来有时翻出来那时的画，一看就很幼稚、很嫩，不过，这没关系，画画、写字，没有几十年的工夫是不成的，要专心，要不求名利。"我说："现代人生活压力又大，时间又紧，学画都着急。"董老说："不能急功近利，名利之心不可太重。现在人太功利，静不下心来，不打好基本功，想当名家、大师，也就是梦话了。我看还得多读书，先读书，文学、历史、哲学，静下心来，然后再提画画的事。"

我对董老年轻时，怎么选择了在当时为世俗所鄙夷的画画为终生事业的决定很感兴趣，请他继续说一说，董老说："我20多岁时选择画画，完全是我个人的主意。我从小就喜爱画，13岁之前，打下了一些基础，我先是照着一些画谱临摹、白描，大多不用色，可以练好笔力。后来我看我父亲和我舅父画，琢磨他们怎么用笔用墨，得到了初步的方法。我们家算是书画世家，存有很多碑帖、法书、名画，我可以饱览一番。那时人们崇尚读书、写画，所以有许多亲戚、朋友，包括一些慕名而来的陌生人，远道来家鉴赏，我也跟着一起看，认真听，客人们谈论真假好坏，又引起我对鉴别书画的兴趣。"

奋身加入"三一八"爱国游行

我指着董老一张年轻时的立身照片，问他这时多大年岁。董老说：这是1926年照的，23岁。于是他向我讲起了这一年中，于他整个人生中有很重要的两件事。

一件是他参加了反对帝国主义侵略我国、反对段祺瑞政府的"三一八"学生游行运动。他说，当游行队伍走到现在北京宽街的执政府前，却惨遭军警的枪击棒打，有刘和珍、杨德群等47名热血青年饮弹而亡，150名示威者的身体受创流血。之后，执政府继续搜捕作乱者，董寿平的名字也列入了黑名单，所以，他不敢再返回学校。慌乱之中，找到菜市口一位山西同乡的"洪兴纸店"避风，他扮作店铺的伙计，干了两个月，风声平息后，才侥幸逃过此一劫……董老的描述真切具体，许多细节为我所未闻。

"三一八"事件作为中国近代史上最黑暗、最惨烈的一页，已编入中学历史教科书，文化旗手鲁迅先生以从未有的痛悼愤慨之情，连夜草成的《记念刘和珍君》一文，成为了他等身般文学创作中从不被人遗漏的经典，新中国成立之后，始终保留在中学《语文》课本里。刘和珍、杨德群二烈士的墓碑静静地伫立在北京西城原女师大学校现改为鲁迅中学的校园内，一年四季被青松鲜花拱卫着……

立志学画　崇仰前贤恽寿平

另一件是在这年冬天，在失学之后的彷徨中，又遭遇了父亲病故之变，董寿平为奔父丧而重回故里，在哀痛之余，他挑灯孤坐，整理纷乱的心绪，做出了最重要的人生抉择，那就是此后将以绘画为业，做一名以画笔讨生活的"穷画家"。为明己志，把父亲给他起的"揆"名，改为"寿平"二字。他后来回忆说："我已决心专搞绘画，这一年慕恽寿平的画和他的为人，因改今名！"从此，官也好，商也好，都与他不再相干。董老说，"搞政治、做官，我不擅长，也没兴趣"。

岁至暮年的董老，回顾自己的艺术人生，曾多次追忆当年他热爱恽寿平艺术的心路历程。他认为，"清六家中，恽南田的画能入逸品，这是很高的，与其经历、人品大有关系"。

恽寿平在画史上享大名，其山水、花鸟在当时都是第一流的，和四王（王时敏、王鉴、王晕、王原祁）及吴历，一起被誉称"清初六大家"。而在这六人之中，恽寿平又是出类拔萃的。如山水画在传统绘画观念中享有画科中的首席，恽的山水，绝不逊于"四王"之首的王石谷，但后来，他对王石谷说"是道让兄独步矣"，因为自己"耻为天下第二手"，于是"舍山水而学花卉"。而他的花卉画——设色没骨画法，堪称独擅其妙，在当时所谓的正宗画中，还无人能和他平起平坐。

我原本对恽寿平知之甚少，为了向董老请教，也为了能和他对话，便找到厚厚的恽著《瓯香馆集》及有关资料来读，对恽寿平的艺术造诣、人品身世及在画史上的地位和影响，才有了较多的认知。

一次，我问董老，清初，甚至整个清代山水画，王石谷自然是领袖群伦，恽寿平说自己"耻为第二手"，是不是，他也确实画不过王石谷？

董老说，古代文人画家，不是都像后来所说的"文人相轻"，绝大多数的还是互相尊重、看重友情的。南田（恽寿平）和王石谷、王时敏，本都是极好的朋友，他们对南田的才华、艺术都很欣赏。恽家虽在江南较富裕的地方，可那时赋税太重。恽家只有几亩水田，根本解决不了衣食问题，可还得交税，所以一家常常挨饿。恽南田只好拼命画画，来贴补家里费用——这个你去看看恽敬写的《南田先生家传》就知道了。恽南田对王时敏、王石谷总是心怀感激。王时敏死之前，一定要见恽南田，南田匆匆赶到病榻前，王时敏立刻高兴起来，最后握着南田的手闭上了眼睛。在南田未到前，王时敏就给他准备好了银子。王时敏死后，几个儿子又继续帮助恽南田。至于恽南田和王石谷二人比起来，恽的山水也不见得不如石谷，只是先有了石谷，恽若想再出大名，恐怕也很难。另一个原因，就是前边说的，不忍去和王石谷争。还有一个原因，是当时画设色没骨的只有南田自己，"不怕千招会，就怕一招鲜"，南田这样选择对他在画坛立身和赚钱补贴家用都是明智的。

我问："南田山水最初学哪家的？"

董老说："他先是学恽向——他叔叔的。后来又通过恽向往上学元人——黄公望、倪云林。"

我问："他的风格是什么？和其他五人相比呢？"

董老说："四王、吴历和他，各有千秋。南田的山水显得超逸些、灵秀些……"

我说："我看潘天寿《中国绘画史》上讲：'其气味之隽雅，实胜石谷。'"

董老说，这和人的个性、品质有关。他一辈子不贪图名利、富贵，心地较纯正、淡泊、温和，所以，他的画，尤其是花卉，有秀丽、清润的风格，和他的品格、气质是统一的。画如其人嘛！

我说，恽南田本是出生一个书香世家，自幼受到诗文书画的熏染，本人有才气又很用功。只是时运不济，战乱、贫困及种种不幸，消磨了他的才华，损伤了他的身心，一生凄苦、忧愁，58 岁时就离开了人世，真是"才自清明志更高，生于乱世运偏消"啊！他死后，家人竟无力安葬。还是王石谷出面出钱料理了后事……记得恽寿平有一首七律诗，中间几句如实地描摹了他的人生况味：

芳草有心抽夜雨，东风无力转春晴。

艰难抱子还乡国，落拓浮家仗友生。

读罢，令人唏嘘不已。恽寿平的诗也写得极好，顾炎武称赞他的诗是："落笔如子山（南朝大诗人庾信）辞赋，萧瑟江头。"这评价实在不低，因为当年杜甫赞赏李白，就用庾信做过比喻。我向董老说，从恽南田的诗里可以看出，他的性格、心地和他的身世、遭际密不可分。董老表示赞同。

一次，我持一册画集去看董老，其内有一幅恽南田的《五清图》，水墨、绢本，印得很好。我见董老眼睛一亮，说，过去听说过有这幅画，可一直没见着，好像不是故宫收藏的。我说是上海一个单位收藏的。董老直点头，然后细细地端详，还自语道，好，好，满纸清气。又用手指给我看：这松叶、松干的画法，对我影响很大，梅花也是……最后说，恽南田宗法徐熙，用没骨法，讲究清淡、野逸。我问，您看这画大概什么年代？董老说，大概中年以后吧！我说，《南田画跋》中，赞它"清如水碧，洁如霜露"。不是虚誉啊！

赞赏王国维的"境界说"

董老曾告诉我说，他平生画画，还曾得力于几位老先生：王国维、马一浮和朱光潜。第一位就是王国维。他的美学思想，他的《人间词话》，特别是他的"境界"说，对董老的画很有启发。"王国维讲的是诗词，但同时也是画理！"

我是学中文专业的，自小就喜读古典诗词，中学时又开始读"诗话""词话"，这中间就有王国维先生的《人间词话》。所以，王国维常是我和董老聊的话题。

王国维是近代享有国际盛誉的著名学者，只活了 50 岁，他中过秀才，后来习英文、日文，又研究哲学、文学，深受德国资产阶级唯心主义哲学和文艺思想（康德和叔本华、尼采等）濡染，在近代的学术事业的诸多领域都有卓越的建树。他先是在小说戏曲方面，后又转治经史之学、古文字学、古器物学、古史地学等，发前人所未发，有开一代学风之功。1925 年在清华研究院任教授，和梁启超、陈寅恪、赵元任并称"清华四大导师""教授的教授"。他的学术著作，以史学最多，文学最深。陈寅恪赞叹他又"博"又"精"，"几若无涯岸之可望、辙迹之可寻"……《人间词话》是在诗词学上、文学史上、美学史上的旷世杰作，已享誉欧美各国学界，影响极远。

一次说起《人间词话》来，董老讲：我不会填词，写诗也多是为了题画，可我爱看一些谈诗词的书，《人间词话》最好。我最赞成他的"境界"理论。我说，这实际是他整个艺术论的中心和精髓。董老说对，接着还继续背诵着："词以境界为最上。有境界则自成高格，自有名句……""言气质、言神韵，不如言境界。有境界，才是艺术的根本。"董老解释说。

"一切景语皆情语也……"

"境非独谓景物也，感情亦人心中之境界。故能写真景物、真感情者谓之有境界，否则谓之无境界。"这段他背诵未准确、完全，但大意不差。

董老联系自己的艺术实践说，我画画也是求境界，我的黄山，还有松树、泉水，有人说像黄山的，但也有人看了说不保鲜。但我说绝对是黄山的境界！里面有我的感受、理解和感情！王国维就是主张写真景物、写真感情。除了境界，还有气质，还有神韵。"我看，气质靠读书，神韵从笔墨功夫里来，从悟性里来！一幅画，境界最重要，是根本！"

1996年暮春，我和董老闲谈，他又提起了王国维，董老说，王国维死快70年了。我一时没反应过来。董老说："他是1927年死的，明年整70年。康有为也是这年死的。王国维要是活着就是120岁。"我说您的记性真好！我忽然问董老，王国维投昆明湖自杀到底什么原因？我听有人研究说是和罗振玉有关？董老说："我也听说过许多说法，说不准！我那时刚从山西到北京定居，社会很乱，我是每礼拜定时去故宫看画、临画……"董老停了会，又说："前几年，我看商承祚写的《关于王国维之死》中说，王国维的死，其实是由于家庭问题复杂。"我说，商老这说法已有人反对。不过，关于静安（王国维）先生的死，一直认为是一个难解之谜。您刚才说是因为"家庭问题"，也就是和罗振玉两人间的关系。这说法，主要以郭沫若为代表，说静安先生受罗的逼迫，其中包括，两人合伙在天津开书店，王的儿子掺进去，折了本，罗很不满。再者，王的大儿子娶了罗的二女儿，后来，大儿子病死，罗把女儿从上海王家接回天津自家住，这也使王大不高兴。再者溥仪在自己那本《我的前半生》中说的，罗向静安先生逼债后来不知又用什么手段，再三地去逼静安先生，王是又穷又要面子，走投无路的情况下，跳昆明湖了。另外，还有两种说法：一是写《王静安先生年谱》的赵万进主张的"殉清说"，就是为大清殉身；二是叶嘉莹先生——我与她交往过的诗词大家，现在加入了加拿大国籍的著名学者——她写了长文考证静安先生之死，提出殉的是当时面临的中华文化传统总崩溃的说法，但这后来又有人提出了异议，此外还有什么"受梁启超排挤"说、"脚气病"说、"肺结核"说等，真是众说纷纭，莫衷一是了。董老听了，微微一笑，问我，王国维后人情况不知怎样？我说，前些年还看见他的大女儿，叫王东明，在台湾发表文章怀念父亲，大概是纪念静安先生沉湖60年写的吧，从家属角度回忆了一些过去事，澄清了一些传说，比如罗振玉的家事，等等。说到她父亲的为人，说是"一位讲信义的学者，总比朝三暮四之徒可爱又可敬"；说到对清室的怀念，也比较让人信服，她说她父亲原本有"执著念旧的个性"，他和溥仪既有君臣之名，又有"师生之谊"，所以，怀念清室，"自在情理之中"，后来，她在台湾的《中国时报》写文章还具体说了一个细节，就是，溥仪对静安先生很尊敬，有时也留他在宫里用餐。"父亲近视很深，看不见，夹不到菜，宣统就替他夹"，这是他回家和妻子说的，妻子又告诉女儿们。董老又问了一些生活细节，我又转述说，王东明文章中说她父亲"除了爱书，几乎没有其他嗜好，不外出郊游、不运动、不喝酒，只抽哈德门香烟"。"五十六年，只欠一死"，这是王国维留下简短遗嘱中的诚。为此，王东明女士说父亲"一生是个悲观的文人，他的死亦如他的诗有着孤寂之怆美——最是人间留不住，朱颜辞镜花辞树"。董老听了，一时默然无语。

过不久，再去看董老时，我说到王国维"很有个性，重视学问家而轻视政治家，自己是宁做教授不做官（院长）"。董老点头说，"他是淡泊名利，不看重这些！"我知道董老读过王国维的其他许多文章。一次，他忽然向我提起一篇名叫《此君轩记》的短文，说要我找给他看看。我答应了，但一时未找到。转眼间，到了第二年，又是春暖花开的季节，我从书上找到《此君轩记》，工工整整地抄了一纸。但却不好交给他老人家一看，因为董老已经病重近危了。妻子借工作之便，偶尔去病房看望，多次劝我：别去打扰老人了，文章肯定没法看。我就小心将那纸叠好，心想等董老病情好转再说吧！

结果，直到董老病逝，我也没把这篇短文让他看，尽管老人没再催问我，或许早已把这事儿忘了……

精通画理　成为"黄山大家"

董寿平先生之所以成为艺术大家，一因家学渊源，知古鉴今，二因矢志不渝，勤学善悟，因此，早在中年，就以画艺精湛，驰誉遐迩，他的"寿平竹""寿平松""董梅"，在画坛独树一帜，他又工山水，晚年又以画黄山技法境界奇胜而获"黄山巨擘"之盛名。我曾问过董老到过哪些地方。董老回忆了自己在抗日战争爆发后，曾携家眷从北京南返临汾，又经运城抵达西安，沿途忍饥受寒自不必说，最痛心的是丢失了300 余件家藏古代书画。后来入山避难，寓居川西青城山麓的灌县，那里，山光水色，云迷雾罩，风雨明晦，乃气象万千。董寿平终止"畅写山水之神情"，创作了大量的高质的山水作品，12 年间，画了数千幅。在成都举办了个人画展。更重要的是他在这里结识了来自各地的艺术家，有张大千、谢天量、沈尹默、徐悲鸿、赵少昂、黄君璧、赵望云，等等。诗人沈尹默于 1940 年作诗相赠，称赞他："……君今年少笔已志，才堪绿叶述同襟期。自是君家有根底，不比寻常称画师……"

董老还告诉我，这期间，他还结识了于右任、马一浮先生，于右任是革命元老，又是书法大家，他曾在董寿平的山水画册上题词：

寒梅雪里香浓，仙境人间自永；
犹余故国青山梦，画得江山一统。

1951 年，董老一家自四川返回北京，适逢北京美术界为抗美援朝义卖书画，他积极参加，受到政府的表彰……

1956 年，董寿平应中国人民解放军政治部邀请，为创作"长征"画卷，沿着当年红军二万五千里长征路线，重点深入四川、贵州、云南及康藏的二郎山、泸定桥、雪山草地写生，体验生活，翌年，创作了巨幅山水画《娄山关》，并与人合作《长征》卷……

董老曾多次和我谈到他画黄山时说：

"那是 1954 年，中国美协邀我去黄山、富春江，到了那里，我观察的时间比写生多。比如，我看黄山的山峰是由花岗岩组成的，石的纹路大多为直线条，很少横线条。还有黄山松，都不是长在土里，而是生在石缝石隙中。这样，土少，水少，长得很缓慢，再为了防风，因此都长得不高，但却姿态万千，形象奇特。这就是黄山松的特点，我画，就抓住了这点。"

我接着请董老说说黄山的云雾。董老说："黄山缺不了云，黄山的妙处、奇处取决于云，（我插了一句：否则就像大盆景似的，乏味、单调！）唔，而且，这里的云雾比其他的云雾变得快，一日千变、万变，神鬼莫测，你刚一下笔，它又变了，很快。所以，黄山云雾的变化，把静止的黄山变成了飘动的黄山，所以，我画的就是动态的黄山，不是静止的。"董老又一次告诉我说："我画黄山不是如实地表现某一个地方，而是抓着它的整体精神，概括出黄山的意境，看了也许按图索不到骥，但一看就知道是黄山。"

就我所知，董老一生中只去过一次黄山，不像有的画家七上八下、九上十下，甚至能几年、十几年住到黄山。但董老却成了举世皆知的"黄山大家"。

称马一浮先生为"蜀中第一人"

董老多次和我谈过马一浮老先生。

马一浮先生为世界闻名的儒学大师。周恩来总理在世时，誉之为"我国当代理学大师"。马一浮一生致力于对中国传统文化的研究和弘扬，致力儒学的振兴，造次必于是，颠沛必于是，对释、道诸学也卓有建树。更让人钦仰的是，他品格高洁，孤标独步，一辈子不求名逐利，也无心仕进。记得民国初，蔡元培先生任首届教育总长，特聘马先生出任秘书长。马先生本想推辞，但深感蔡先生之殷切，就上任去了。但不满三个星期，官场险恶，小人钩心斗角，让他忍无可忍。于是，找到蔡先生，说："我这个人不爱做官，也不会做官。只会读书，不如还让我回西湖去读书吧。"于是，他一度隐迹杭州西子湖畔，贫居陋巷，闭门潜心读书、做学问。记得他的好友，大学问家熊十力70岁大寿时，马一浮祝贺写诗说："孤山萧寺忆谈玄，云卧林栖到暮年。"说的就是这一时期。

1991年秋，我和董老又聊起了马一浮，董老说，马一浮比我长快20岁了，可算是两辈人，可比我看学问、人品高好多倍了。我在四川见他时，他已经闻名海内外了。他胡子留得很长，有大儒之风，我接过董老的话说：梁漱溟先生评价他是"千年国粹，一代儒宗"，真是盖棺之论。钱穆先生说他"言谈间，则名士风流，有六朝人气息"。弘一法师李叔同，对马先生佩服至极，说他"是生而知之的人"。可惜我没读过马老的儒学书，只看过他写的一些诗词。董老说，他的研究水平极高，在中国是数一数二的，用了一生的工夫，但他留下的著作并不多，我过去也只看过《宜心会语》，还有《复性书院讲录》，也看过后来出版的诗集，叫什么……我接过话：《蠲戏斋诗前集》吧？嗯，对，董老记起来了。对，他有好几个号，其中一个叫"蠲戏老人"。他的诗，过去（20 世纪 50 年代）出了好几卷……

后来一次与董老闲谈，又说马一浮的诗，我说，我在一本书里，看到他 8 岁时应母命对花赋诗，而且限"麻"韵，他小小年纪，竟然也"七步成吟"："我爱陶元亮，东篱采菊花。枝枝傲霜雪，瓣瓣生云霞。本是仙人种，移来处士家。晨夕秋更洁，不必羡胡麻。"由此，乡间百里，都称他为"神童"。董老听了点头而笑，说他也记得马老一些句子，就给我背了几句，因为是格律化的词句，我当时没听清楚，又因为没带笔没记下来，我顺着董老的话茬儿，提到了 1967 年 6 月，"文革"初期，马一浮因被驱、受辱，积郁而病，不久即归道山。终前在医院病床上写了一首《拟告别亲友》，诗是这样的：

> 乘化吾安适，虚空任所之。
>
> 形神随聚散，视听总希夷。
>
> 沤灭金归海，花开正满枝。
>
> 临崖挥手罢，落日下崦嵫。

我后来把这首诗抄好再交给董老看时，董老认认真真、一句一字地看着、轻诵着，完了，没说一句话。我在旁说，马先生当时一定很痛苦，又无奈，同时，又看到自己可以"解脱"了，董老依旧不语，然后把我抄的那张小纸叠好，夹在茶几上的一本书里。我顺眼一看，那书，是我不久前送给董老的《梁漱溟先生纪念文集》。

几年后，我一次去拜望张中行老先生时，他讲他曾和马一浮先生见过面，后来还写过回忆马的文章，中行先生告诉我：马一浮写诗是学杜甫和白居易，感时伤世的多，用他自己的话说，即"触缘境遇，稍稍有作，哀民之困，以写我忧"。

和董老还谈过马一浮的书法。董老说，有大学问的人，自然字不寻常，马老篆、隶、草、行、楷都很精道，尤其对甲骨、钟鼎的研究更有见地。他本人的字，精密、峻拔，有骨力，同时又飘逸优雅，有浓厚的书卷气——然后又特意看着我，你写字也要注意养出书卷气。我连连称是，说"怪不得丰子恺先生说他是中国书法界的泰斗"！另外，我听说，马老到了晚年，放弃了一切爱好，和欧阳修、李叔同一样，只写字，皈依书法。

马一浮先生还是位大收藏家，董老说他在这方面也体现了一种"高度的爱国主义"，董老说，收藏之事，总是聚了又散、散了又聚，好东西捐给国家保存、发挥作用，最保险。我死了后，什么都不要（董老指自己把所藏的书画大部分捐给了董寿平美术馆）！

20世纪60年代初，马先生把自己所藏的350多件古代书画作品献给了政府，当时是亲交周总理的。我说是，听说后来又把家藏的最后一张宋画也捐献了，还给陈毅副总理写了信。董老说，那是当时政协给马老解决了一些生活困难，总理还亲自问寒问暖，老人家平生重情重义，相比之下，其他身外之物都是轻的了，所以给陈毅写信表谢。他和陈毅、周总理、乃至毛泽东主席，都有很好的交情。

董老说，马一浮先生对他在思想上、画画上影响很大，他在四川时认识了许多师友，这其中，马一浮是"蜀中第一人"。

钦仰朱光潜先生的"美学"

董老曾说："我从朱先生的书里了解到西方美学原理，我常常用他和我们中国的美学思想进行比较，然后融会贯通，化作我的营养，指导我画画。"

这个朱先生，就是董老深为钦佩的美学大师朱光潜先生。

有一阵子，董老让我找些朱光潜的著作给他，他说，朱先生的书，不能只看一次，得经常看看、想想，"更重要的是咱们自己的思索"。

我就找来《朱光潜美学论文选》《诗论》和《美学拾穗集》送给他。拿着朱先生的著作向董老请教，有时也讨论讨论，只是当时没注意把董老说的用笔记下来，现在想起来感到很可惜。不过，有两点让我记忆很深的是，我们不止一次说到朱光潜先生提倡的"以出世的精神做入世的事情"（有的书上印的是"事业"）。这在我心灵深处震动很大，后来也总把这话默默温习着，还常为自己不能专心读书和忘我做事而惭愧。我认为，董老一生从艺的历程，证明了这种精神有着博大的力量。

还有一点是，朱先生提倡"不通一艺莫谈艺"之论，也是我衷心折服的至言。董老很赞成这话。我曾见他指着报纸上登的谈书论画的"理论文章"说，这些人（指写文章的作者）读书太少，甚至没读书。同时，也根本不懂画。写文章，得先知"笔墨"在中国画里是什么意义才行！画画，先从读书开始！一定得了解中华文化的发展才行！

董老还和我谈过书画史上其他一些名家，如古代王维、董源、范宽、文同、苏轼、马远、夏圭、王冕、倪云林、吴镇、董其昌、沈周、石涛、王原祁、王石谷、郑板桥、李方膺，还有近现代的张大千、黄宾虹、徐悲鸿、齐白石、赵少昂、黄胄、关山月等，其中有的说得多，有的说得少，甚至是一句半句，或艺术上的成就、缺失，或艺术上的见解、特点或趣事、逸闻，等等，董老真是博闻强识，而且谈吐爽快，每一晤谈，让我有"胜读十年书"之慨！遗憾的是，很多的谈话我没有及时记录下来。

董老对年轻晚辈——他的学生、一般求教者以及仰慕来访者，总是热心指教，而又平等相待。这一点举凡和他接触过的人都深有体会。一次董老很关心地问起我，我说我家世代都在北京住，他问："在旗吗"，"什么旗"，我一一回答了。他说："那在阜成门一带住吧！"我感到惊奇，问："您怎么也知道？"董老说满人进北京后，各旗在城里各住一处，规定很严，红旗是在西城、阜成门里较多。接着又问，过去北京讲"东富西贵"，那你们祖上是做什么的？是读书人家？我见董老是真切的关心，就忍不住讲了一些老年间的事……

我们又谈到了馆阁体，我说听不少人都骂写馆阁体的字，有人说是俗书。董老听了，略顿了顿，就说，那也未必。写馆阁体的，大多饱读诗书，下过功夫。再说精熟、圆润、厚重、端庄也算是一种风格，写好了，也不易。现在有的书法家，恐怕连那1/10的功夫都赶不上。董老又说，最近我看启功写了不少论书的诗，还提过铁保。我说是，我也看到了。启先生有两句是："差喜天真铁梅叟，肯将淡宕易纵横。"董老问："嗯，全诗记得吗？我回答：因为是说铁保，就格外注意了一下，全诗没全记下来。董老又说，馆阁体也好，台阁体也好，主要毛病是都一样，没变化，缺少活力和趣味。我又提起一次见到启先生，闲谈时，启先生不无调侃地说，"我的字也俗，所以有人叫我是新馆阁体，其实，我这是大字报体，更俗"。董老听了，大笑。我回想，这大概是我和董老最后一次谈话。

　　转眼到了 1997 年春夏，董老身体状况很不好，我因个人处境很坏，家里又遭难，很久没能去看望董老，我最后一次见到恩师时，他已在特殊医疗室抢救，人瘦得如枯木，眼光呆滞无神，口已不能言。我离开时，恩师吃力地在床上抱拳示意，估计已认不出我来了，我的泪水忍了又忍，没在屋里流出来……

　　董老走了，一晃好几年，每每再看到董老的画作时，我就常常闭目追思，回想着他和我交谈时的内容、声音、语气、神色、手势，我想我是永远不会忘的。因为他不仅是一位杰出的艺术大家，还是一位可亲可敬的师长……

德艺寿齐辉的萧龙士

——
许良廷

著名的书画艺术家和美术教育家萧龙士，一生博学多能，精通绘画、书法、诗文、篆刻，人品更为至上，且享年 103 岁。德高、艺高、寿高，三位一体，以德为重，相互渗透，相得益彰。

萧龙士原名品一，字翰云。1889 年 5 月 16 日出生于隶属徐州府的萧县（今属安徽省）萧场村一个劳动人民的家庭。祖父萧述福，一生半农半学，爱好书画，当过塾师。父亲萧作霖，精于木工，擅长雕刻，常以核桃为料精雕出花篮、狮子、猴子之类的手工艺品，玲珑精巧，十分可爱。祖母彭氏、母亲刘氏皆为农家妇女，终年既忙于农事，又善于纺织，操持家务，勤俭耐劳，通情达理，乐善好施，深得邻里的敬重。龙士是萧家三世单传的独子，但到他已有四男六女，四世同堂，家族成员达 60 多人。

师从名师　钻研画艺

龙士从 9 岁入村塾起就酷爱书法绘画，得到了祖父和父亲及家人的鼓励。10 岁考入县城高等小学堂后，有幸被颇具眼力的著名花鸟画家朱学骞发现，收为弟子，教他画兰、竹和花鸟。他家西村迎风口有一刘书绅，懂医，擅书法，曾在福建刘厚基督军府任职，且萧刘两家为世交，过从甚密。刘家收藏大量古字画，其中有元、明、清各代名家真迹。萧龙士便经常借来展读欣赏、临摹，大开眼界，又提高了绘画技艺，受益匪浅。他平时勤学苦练，先是用树枝代笔，沙地当纸，画身边马、牛、羊、鸡、犬等画像，进入教育界后，更是一边教学生画画，一边泼墨耕耘不止，提高自身的技艺。这些都为他的绘画艺术发展打下了良好的基础。

当时萧县是一个闭塞的小县城，为了开阔视野，在绘画艺术上能有个发展，在好友李可染的帮助下，萧龙士于而立之年进入了上海美专这样一个书画名家荟萃的地方，师从李健、诸闻韵、潘天寿、汪声洪、许醉侯，得到名师的指点，还曾聆听过康有为、梁启超、蔡元培、吴昌硕、王一亭等社会名流的教诲。这些名师名流的进步思想、文学修养、艺术造诣以及美学观念都给他很多的启迪，产生了深刻的影响。他还接触到徐渭、八大、石涛、扬州八怪和吴昌硕等大家的更多画作精品。又与李可染、陈云程、张金石、王继述等同学朝夕相处，切磋技艺，临摹古今名画，常常是废寝忘食，夜以继日。一幅黄慎的《携琴访友图》，他竟临摹了 18 遍。他的绘画技艺自然大有长进，其作品多为继承传统，有明显的青藤、李晴江、吴昌硕、八大、石涛画作的影子。潘天寿极为称赞，说他为"江北第一画家"并题写"奇生"二字。吴昌硕也在他的雁来红画上写道："人为多愁少年老，花本无愁老少年，翰云学弟画甚工，将有大成定无疑。"30 年代初，他的墨兰在伦敦国际艺术展览会上展出，并列入画册。1946 年他在南京办画展时，著名画家陈之佛、张书、傅抱石联名评介："先生精研六法，平素潜心苦志，悉心研磨，故下笔落墨，辄饶奇趣。"又说："兰石洒脱有致，尤以墨荷数帧，神姿飒爽，笔力伟健，大有八大风格。"

龙士在花甲之年游学北京，拜齐白石为师。此后多年，他每年暑假都要去北京，聆听齐师的教诲。齐师说："身行半天下，虽诗境扩，益得作诗之难。""熟读唐宋诗，不能一刻丢手，如渴不能离饮，饥不能离食。然心虽有得，胸横古人，得诗尤难。"特别是齐白石的画品吸收民间传统，强烈的用色，简练的笔墨，有趣的意境，生动的题记，都使萧龙士耳目一新，茅塞顿开。这时，他的画风开始向泼辣、厚重、拙朴方面发展，画面的气度也逐渐恢宏起来。在他的《荷花图》上，齐白石题道："龙士先生画荷，白石自谓不及，国有此人而不知，深以为耻，想先生未曾远游也！"齐白石还在他的那幅兰石作品上写道："龙士老门客，画石能顽。谓有顽气必有灵气，此语诚是。"为萧龙士在这一时期的绘画艺术水准做出了客观的评定。

龙士从 13 岁到 103 岁，整整画了 90 个春秋，兰画成就最高，留下的精品也最多。他画兰善于柔中见刚，拙中寓巧，圆转处藏挺拔，滞涩处蕴通达，笔力雄浑华滋，苍劲老辣；他画兰往往寥寥数笔，错落有致，浑厚挺拔，气旺质坚。李苦禅赞道："龙士哥画兰，老辣纷披，可称全国第一，当代无人可比。"赖少其也称："萧龙士善画幽兰，翩翩有'君子'之风，千姿百态，妩媚多姿，使人肃然起敬。"曾有这样一个传说，萧龙士百岁那年春节，合肥明教寺方丈妙安大法师前来府上向他拜年，两人谈兴甚浓，于是老人便磨墨理纸，边谈边画，真是情之所至，飘逸若仙，清香徐徐，如履春风。妙安大法师如获至宝，张于法堂之上。一天忽然遭了火灾，多少贵重物品被焚，稀奇的是，烧到龙士大师那幅"兰草"画附近，火便熄灭了。妙安每每谈起总是啧啧称奇。

关心大众　赤诚爱国

龙士一生爱国、爱民、爱家乡，他晚年常说的："握笔应书民心愿，凝神当思国前程。"表现在他的书画之外的大量行动上。

1926 年，他创作了一幅《乞丐画》，画的是一条狗咬住一个拿着讨饭棍的乞丐，题诗："我讨我的饭，与你甚相干？可恨势利吠，单咬破衣衫。"这幅画后来在徐州展出后，深受报界称道。从 20 年代起，他先后在上海、南京、无锡、镇江、徐州等地举办过个人画展十多次，在他个人的画展中多半又都是为赈济灾民而举办的。1929 年，徐州因大风成灾，他就以自己的佳作 100 多件展出，所得之款全部捐献，救济灾民。1936 年也是天灾，他又在徐州古楼春和饭庄举办个人画展，又将所得款赠给灾民。1947 年，当他接到镇江慈幼院请他救援那里抗战遗孤时，便立即带上几十幅作品，赶赴那里进行义展义卖，数日内将出售画几百元现洋全部捐给慈幼院。同年，家乡萧县发生大水灾，四乡八里的农民处于极端困苦之中，他带上 50 多幅画到无锡义展，后将所得的五六百元现洋，通通捐给乡里农民。还把自己过去节衣缩食在黄河故道大堤以南所购置的 200 余亩土地全部赠送给贫苦同乡。新中国成立后，徐州一带遇天灾，他又继续卖画赈济。并出粮、出钱救贫，被当地民众誉为"开明人士"。对越来越多的平民百姓前来求画，他从不拒绝，只要来者一有索意，总是慨然予之。他认为"人民的艺术，就应该让人民来享受。""人要我给，既要则爱，爱则精神食粮也，这也是为人民服务嘛。"

萧龙士一直把自己的艺术跟国家的前途、命运紧密联系在一起。1938 年春，他正在武汉黄鹤楼与老友王祥南相会，当得知徐州沦陷时，他心急如焚，立即返回故里，以太和"苏豫皖边国立二十一中学"为基地，拿起画笔，动员民众起来打日本鬼子，用自己的画作佳品鼓舞和激励前方抗日将士英勇杀敌，以表自己报国之心。当时，他画了一幅《蟹》图，并题："看你横行能几时？"1941年，他在萧县郝集中学任教，家乡陇海铁路黄庙段道班发生抗日游击队击毙日军护路员事件，后日军报复，在黄庙附近进行大规模的烧杀抢掠，龙士除揭露日军这次惨不忍睹的野蛮暴行外，还把家中的后院作为抗日游击队的秘密联络点，伺机打击敌人。是年秋，他又在抗日游击队的配合下，率领乡亲和学生数百人破坏了陇海铁路上郝寨至郑庄的十余里路段，有效地打击了日寇。抗战胜利后，他便将自己的佳作60多幅拿出来，在徐州西楚宫展示，庆贺抗战的胜利。当淮海战役打响后，他又奋不顾身地冒着炮火的危险，为人民解放军筹集粮草，积极抢救被战火损坏的民房，以安定人心。新中国诞生后，他画了一幅《荷塘图》，浓墨阔笔的荷叶，一派蓬勃生机，令人振奋，题曰："皆大欢喜"。1951年正值抗美援朝之时，他先是拿出30多幅作品参加了全国举办的《抗美援朝义卖画展》，后来著名爱国人士何香凝等又发起抗美援朝义展，他仍毫不犹豫地把身边仅有的几幅最为心爱的作品包括齐白石给他题款的珍品在内全部献给了这次义展。1952年，当得知在徐州读书的三女儿承霞为响应政府号召，报名参军时，他特地从北京赶到徐州，在欢送大会上讲了话，鼓励女儿努力学习，干好工作，不怕苦，不怕累，不怕死，当一个勇敢的志愿军战士，为国争光，为民立功。1956年中共"八大"召开，他作荷以赠，题"香远益清"以表达其对党的崇敬之情。1959年，三年自然灾害，国家经济困难，粮食紧张，普遍以瓜菜代食，他精神饱满地画一幅《南瓜图》并写："向空中要粮。"1964年10月他欣然作《雄鸡唱晓》图，题："雄鸡唱晓，经霜益艳。为建国十五周年作。"粉碎"四人帮"后，他又作墨荷，款题：花自开口迎人笑，叶应临风任意摇。即便到了晚年，他还常说："有生之年尽余力，多写字，多画画，出力淌汗为国家。"

淡泊名利　忘怀得失

萧龙士从清代经历民国，他不附权贵，始终不屑于官场上名利之竞逐，安贫乐道。他远离达官贵人于千里，却近平民百姓在咫尺；遇到邻里的疾苦，他常常是解囊相助；为爱国志士脱离险境，他不顾个人安危。

70年代，安徽画院正式成立，龙士被邀出席了画界庆典。他悄悄地落座在会场后排的一个角落，一边闭目养神，一边右手在膝上画个不停。当时，一位青年画家前来请他到主席台就座："您是副院长，应该到主席台上与大家见面。"这时他仍半眯着眼，手仍在画，淡淡地说："副院长！我咋不晓得。画画呗当啥个什么长。"省美术家协会推举他为名誉主席时，学生和弟子们纷纷登门祝贺。这时老人正在家伏案作画，头不抬，笔不停，继续画画，轻声说道："画画呗，当个啥子官。"

萧龙士说过，"古人有一世兰，半世竹之说，可谓画之难也。我13岁始画兰，迄今80余年矣，从学古人到师造化，四十年乃得笔墨之变，复40年方入乎情而达乎理，则与兰俱化矣。"然而他画名甚著，书名未显，其实他研习书法和研习绘画是同步进行的。他的书法功底并不逊于绘画功力。只要透过他那一幅幅画作的款识题跋，字里行间，真力弥漫，无一笔失其所至；气爽神畅，无一处不达其理；点画间，真情实感，发自天然。既至老年，返璞归真；书境画境，逸然超迈。单就他的书法作品也是遒劲、奔放、磅礴、老辣。虽于书法潜心年久，积功甚厚，然极少作书与人，也从不争能于书坛。

萧龙士一生清贫自守，从不以画牟利，凡登门求画者，不论工人、平民百姓，以及生人、熟人，他不但分文不取，甚至往往还要贴纸贴墨。他过去由于收入较低，生活比较艰难，一支毛笔画秃了，还舍不得丢弃。纸也是惜纸如金，物尽其用。改革开放后，有人曾劝过他，现在许多画家都在收酬金，这是合法收入，你何苦不要呢。他正色地回答道："我已有国家发给的工资，为人民做点奉献，这是应该做的。我不能拿艺术去作商品交易。"

他还常以画荷、兰、竹、梅、菊、松及题款来抒发自己与人无争、与世无求、不慕荣利的崇高情怀。他在荷花图上题道："出生于污泥，岂有不染尘，叶新花更红，贵在常洁身。"在兰画上写道："深山一小草，淡泊而妖娆，能增山色美，不似牡丹娇。""淡淡花几瓣，疏疏叶数根；风姿多潇洒，香远自清芬。"这些都是他完美内心世界的独白和高尚情操的形象化。

呕心沥血　辛勤施教

龙士又是一位很了不起的艺术教育家。他的学生遍及全国各地，乃至海外，有的已卓然成名。他身体力行，言传身教。在教育中注重把艺术教育与道德教育巧妙地结合起来，并取得了明显效应。归纳起来有三。

一是把"立身"放在首要位置上。在教育中，他强调要老老实实办事，堂堂正正做人，常说"为人要忠厚老实，作画要朴实耐看，二者不可矫揉造作。"又说："作画必先立人，没有好的人品，就没有好的画品，'人品不高，落笔无方'。"绘画作品是画家的精神产品，自然在画品上或多或少、或隐或显地反映出画家的某些本质特征，包括他的眼界、心胸、思想感情、道德风貌、艺术情趣及阅历深浅等，他指出："为人之道，正直为要，顺乎人情，合乎物理，学生自居，师长待人。"他对学生说："媚则讨人喜欢，不如求拙。拙则去俗，才谓真正的艺术。"他一直坚持不懈，身体力行。"文革"中有一权贵，曾多次到他家求画，可老人要么装聋听不见，要么睡大觉，给以断然拒绝。

二是无私地把绘画知识、技巧以及自己几十年的实践经验传授给弟子与学生。他说："学画应先从一两种题材入手，兰竹没有藏头，一笔就是一笔，画起来很难出色，全凭功力，所以古人有'兰一生，竹半世'的说法，是有道理的。从兰竹入手，一来可以强化笔墨意识；二来可以培养一种严谨的态度，一丝不苟的态度。有了成就后再向其他种类扩展。其实一辈子能画好一两样也就不错了。艺术这东西不容易。"他还指出："无论字和画都要厚重。只有厚重的功力，才有厚重的效果。字画没有分量就没有看头。缶老（吴昌硕）画的厚重，来自他的书法功力。前人说书画同源，就在这里。"又说："厚重最难，要靠功夫力，下笔落纸重，画就显得重，浮在上面，笔不入纸，则画易轻浮。"如何做到厚重？他指出："我作画，笔底即力。但绝不用拙力，而是手中的柔软功，是一种用笔技巧。说通身用力，乃是胡说八道也。"又说："作画下笔要重，行笔要慢，力到画才厚重，厚重才有拙味，才臻佳妙。"然而追求厚重效果切不可极而至反，要做到重而不浊，厚而不板，黑而不恶，苍而不枯。"这就要在作画厚重之中极尽水墨之变化，干湿浓淡，交相辉映，显得异常丰富而充实。他总结出很多绘画经验，譬如"十不""四有"等。"十不"，即重而不浊，轻而不浮，淡而不薄，简而不略，草而不率，艳而不俗，媚而不娇，黑而不恶，粗而不霸，细而不弱。此外"四有"，大师75岁那年，他在创作的"葫芦八哥"画中题道："画之有形、有神、有情、有趣，即可观矣！吾未能之，当再苦功以得之。"

三是施教方法，就是诲人不倦，有问必答，有求必应，采取循循善诱、因材施教、启发鼓励式的教学方法，激励学习，促人长进。学生普遍反映萧老在教学过程中，自始至终都是多表扬少批评，尽力调动学生学画兴趣。每当学生拿许多画前去请教时，他总是说好，有进步。其实有的画却有很多毛病，他是看得出来的，但他不轻易否定，而是把这些毛病分开，一次谈一点，下次再谈一点，直到所有毛病都指透。不全盘否定，绝不伤害学生的信心。每次还挑一些好画，题了许多赞语给以鼓励。有一位弟子，因生活的重担、工作的压力、学画的艰辛，又患眼疾，有一段时间吃不好，睡不着，画也不画，情绪低沉，一度想打退堂鼓，当老人发现这些情绪时，便语重心长地劝导："莫扳！莫扳！即使不能成名成家，将来到老了，也是一种精神寄托。我要是不画画也活不了这么大年纪。"这位弟子听了恩师这番肺腑之言后，十分感动，深受教育。于是振起精神，拿起画笔，居然身体日渐好转，画兴也越来越浓了。

俭朴生活　长寿之道

他生活极为俭朴，一生不吸烟，不饮酒，更不吃什么补品、补药。他对生活要求很低，从不讲究。从早年到老年一直保持粗茶淡饭的习惯。平日，特别是进入期颐之后，老人饮食正常，早上能吃两个鸡蛋，一瓶鲜牛奶；中午半块馍，一碗菜汤；晚上一碗稀饭，喜稠米稀汤，少许菜，半个馒头，稀饭里喜加一勺糖。闲时吃块饼干，喝半碗麦乳精等零食，多年都是这个习惯。他爱吃地瓜、青菜、萝卜等，有番茄炒鸡蛋也就再好不过了。老人一次给家人写信说："饮食以清素为主，我在此与我的生活习性很相适应。每日以鸡蛋为主，早晨两个茶鸡蛋，中午吃一个咸蛋。常吃油酥馍、麦糊饭；其余蔬菜，院里种的番茄、黄瓜，还有架南瓜。此地五、十逢集，荤素菜都有。我除待客外，概不吃荤。三五天吃顿苋菜面筋汤。这样的农村朴素生活我过了几十年，很觉习惯合适。"长期以来，大师的居住条件也非常简陋。一间十多平方米的小屋子。他常坐在床沿上，面前的小条桌，既是他的画案，又是他会客的地方。这已是几十年"一贯制"。至于工作条件多年来也一直十分艰苦。他的文房四宝，也是简陋得让人难以置信。一支画笔能用很多年，即便用到秃毛了仍是坚持使用。一方古拙的砚台也使用经年。忽然一天不慎失手跌断，他心痛不已，随后便托人用水泥粘住继续使用。纸和墨就更不必说了，都是买些低档、价廉的。平日里练笔就连纸边、纸头也不放过，总是重叠覆盖，画满为止。所以很多人都说他惜墨如金，惜纸如绸，惜水如油。

人生七十古来稀，龙士大师竟逾百寿有三，实可称奇。他91岁时所书："我有何功德，享受百元薪，思之愧无地，更好报党恩。"这一年他又写道："高寿有方，宽宏心量，却病有术，嗜欲尽除，生活有道，勤俭为妙，劳动锻炼，到老身健"，落款为："以我九旬的生活经历凑此八言以自励励人：满招损，谦受益，言忠信，行笃敬，欺人者，终自欺，爱人者，人所爱"。"积上等善，居中等名，享下等福，从高处立，往低处看，向宽处行。"97岁时书道："笔作生涯砚作田，居然快活似神仙，兴来写出潇湘影，助我生机乐天年。"第二年他写道："我今年九十八，耳不聋眼不花，既能写又能画，嘻嘻哈哈乐无涯。"还说："不要名利，没有名没有利，晚上睡得着，就没有烦恼，就能长寿。"

画家吴子深父女

王铿

　　姑苏乃二千五百余年历史的文化名城，人文荟萃，画家辈出。自东吴曹不兴、南朝陆探微、张僧繇，至明代沈周、文徵明辈创"吴门画派"，再至清代的"四王"——王时敏、王鉴、王翚、王原祁，历史上不知诞生了多少载入史册的艺术大师。同样，也孕育了三四十年代著名的美术教育家、画家、良医吴子深。

　　旧时苏州画家有富吴、贵吴之称。吴子深家富，吴湖帆则贵（清代巡抚吴大澂之后）。吴子深富而且仁，斥巨资45000银圆创建苏州美术专科学校。1932年8月，14根巨柱的罗马宫殿式校舍，落成于恬静优美的沧浪亭之畔。宽敞明亮，采光科学，精美绝伦的三层50余间的室内装置，规模之大、造型之美，一时成为全国美校校舍之最。至今为沧浪亭一胜，游人不绝。

　　校董会由张仲仁、许博明、叶楚伧、朱贡三、金松岑、汪典存、龚耕禹、徐慎之、王佩诤、赵眠云、章君畴、朱梁任、陶小泚、吴子深组成。校董会推举吴子深为主席。聘请颜文梁先生担任校长。精心擘画，成绩斐然。中国之石膏像即系颜氏首次从法国运回，大小 460 余座陈列于苏州美专，供学生素描。当代画坛不少有成就的画家，皆列门墙。

吴子深名华源，子深乃其字，别号桃坞居士。工画山水，尤以兰竹著称，重传统技法，不事标新立异。吴子深犹擅一绝，精研岐黄之术。在苏州美专不仅自己兼任国画教授，上山水理论课，还进行了大量创作，如《秋林书屋》《兰》《山水》《竹石》等，并出版了《吴子深仿董书画册》，玻璃版精印，其在书画艺术上的成就非同一般。前清优附贡生、苏州美专国文诗词金石老教授黄颂尧常题诗以张之，如《子深先生东渡有日赋此志》《和吴君子深明季南略感赋》《吴君子深招饮即席赋赠》，以及吴湖帆新得《七姬权厝志》，请吴子深画《齐云感旧图》黄颂尧欣然题二首七言绝句于画上。

1932 年 12 月京剧大师梅兰芳莅苏，慕吴氏藏画，拜访于桃花坞，吴子深一一展示、观赏。梅兰芳能诗擅画，两人相处甚欢。于鹤园宴会时，梅大师一展歌喉，清唱昆曲、京剧答谢。子深先生后赠予《竹石图》等扇面两幅，并题诗志喜。

诗曰：

> 绝代风华绝世姿，樽前一曲耐寻思，
> 却嫌桃李丰神俗，翻觉松篁志节宜。
> 学术已传九州外，行藏好寄故人知，
> 他年邓尉探梅约，莫负湖山画里诗。

深得梅氏赞赏。

1937 年抗战爆发，吴子深离苏去沪，起先在哈同路（今铜仁路）

慈惠里设立诊所，悬壶问世。后购下威海卫路（威海路）154号三层洋房（以上两屋均已拆除），经常与老友吴湖帆、吴待秋切磋艺事。此时吴湖帆已名重画坛，自1924年离苏定居上海嵩山路后，不论绘画、书法、鉴赏、收藏皆具声望。其书法初学董其昌，后习宋徽宗瘦金体，最后得米芾《多景楼诗卷》真迹，大喜过望，遂专写米字。而吴子深后期由董字转攻米体，乃受吴湖帆之影响。由吴湖帆介绍而识冯超然。冯在清末时随父由常州迁居苏州，又于1912年离苏去沪，也居住在嵩山路，与湖帆对门。吴待秋为清末画苑名手吴伯滔之子，1931年购屋定居苏州装驾桥巷后，作画勤奋，山水画落笔劲拔，颇有家风；画梅更独绝一时，也擅书法，得明代王觉斯、倪元璐笔意。

吴子深传统笔墨基础深厚，并与张大千、吴湖帆、刘临川、颜纯生、樊少云、蔡震渊等探讨绘画技法，落笔不凡，自有逸气。1942年的《竹石图》、1943年的《梅竹双清》，先后被庞莱臣、张大千称为"逸品"，是"难得之作"。1944年画青绿山水四屏条，把春夏秋冬四时景色充分显现出来，每幅画上都有题画诗。冬景上是这样写的：

踏雪双骢去复返，板桥曲屈接林隈。

袁安茆屋今何在，一片瑶光映石台。

这四幅画子深甚为珍惜，只是在展览会上展出，标明"非卖品"，仅供观赏外，一直保存在上海家中。

1945年抗战胜利，日寇投降。吴子深兴奋万状，画《春笋图》一幅，并书"胜利"两字，以志庆祝。同年夏天，子深精选120件作品，假上海中国画苑举行个人书画展览，观众称其山水画"古趣盎然，厚而能雅，谈而见腴"推重之。1947年5月又在梁溪（今无锡市）举行画展。《苏州明报》于23日第四版刊载题为《吴子深与中国画坛》予以客观评述："子深先生的山水，秀润高古，与吴湖帆、吴待秋两氏，称为'当世三吴'，写得一笔俊逸飞扬的董字。小品的松、竹、兰，虽是一鳞半爪，得之者没有不珍如拱璧。"

1948年5月在上海假中国画苑，与支慈厂举行书画联展，他的画作被购买一空。10月，上海出版《中国美术年鉴》一书，书中有其"小传"，摘要如下："氏为吴中望族，收藏宋元古画甚富，亲炙于绘事者几三十余年。所绘山水，墨笔则浓淡得宜，干笔皴染；设色则工丽妍雅，妙到毫巅；写竹则法度谨严，超乎尘俗。书法力追董米。"

同年，被聘为上海文化运动委员会所主办的美术评选委员。委员共20人，均为上海书画名流，有朱屺瞻、颜文梁、吴湖帆、吴待秋、汪亚尘、刘海粟、严独鹤、刘开渠、郑午昌、冯超然、马公愚、胡朴安、张充仁、张大千、郎静山等。

吴子深先生艺术声望极高，有识之士，把他和吴湖帆、吴待秋、冯超然誉为上海"三吴一冯"。著名书法家潘伯鹰（曾任国共谈判时国方之秘书）访吴子深于其寓所，有美国李伦特博士在座，著文《访吴子深先生》载《新闻报》，介绍其艺术上的成就，极尽揄扬之词。吴、潘常有诗词酬和。

20世纪40年代末，吴子深挈眷移居香港，一面挂牌行医，开设门诊，一面鬻画卖字。开始行医时，语言上有困难，他说的是一口地道的苏州话，幸好凭借其医疗经验，切脉准确，往往一二剂立起沉疴。越南胡志明、吴廷艳曾相继来港，慕名请他诊治，两人都能说中国话，又能诗词，吴廷艳仰其医道邀吴去西贡，由政府投资开办"汉医学院"，吴子深任院长。1954年日内瓦会议后，子深辞去院长之职，重返香港，继续过着鬻画和行医的生涯。

闻人杜月笙在香港病重时，曾延吴子深诊治，惜已病入膏肓，回天乏术矣。其著作《客窗随笔》，1964 年在香港出版，全书分上中下三册，颇为畅销。出版前在香港《上海日报》长篇。获稿费 10 万港元。

1966 年由张大千介绍去台北，任台湾艺术学院国画系教授。从此定居台北，与张岳军、于右任等交好，并同大千切磋画艺书道。1972 年因心脏病逝于台北，享年 79 岁。

如今，"三吴一冯"皆已作古，吴湖帆在"文革"中被迫害致死。笔者与吴氏系父辈世交，又认吴氏为寄父，关系亲密，常在吴府行走。

钱大钧字慕尹，苏州人。与吴子深为同乡好友，亦爱好书画。抗战胜利后，钱大钧出任上海市市长兼淞沪警备司令，经常与吴过从，钱氏是国民党元老，黄埔军校老教官，虽是军人，尤擅书法，钟鼎篆文苍劲挺秀，笔者有机会在吴府求得篆文墨宝立轴一幅。钱氏为解放军宣布的战犯，新中国成立后不敢收藏而毁弃之。

吴子深有掌上明珠浣蕙女史，天生丽质，颖悟聪慧，幼承庭训，颇得乃父神髓。15 岁（1946 年）又立雪"大风堂"下，在上海卡德路（今石门二路）李秋君（著名女画家，"文革"时备受凌辱而惨死）府（张大千来沪，必居李府），秉大红蜡烛，行叩头拜师大礼。有李祖韩、李秋君、谢稚柳、陈小蝶、郁氏姐妹（"大风堂"门人，台湾新党主席郁慕明之姐妹）等观礼三桌酒筵，以志庆喜。

20 世纪 40 年代末，浣蕙随父移居香港，在南洋一带举行父女画展，饮誉东南亚。在台北时更日夕侍墨于"摩耶精舍"（张大千在台北的住宅），时沐大师熏陶，绘事益进。

浣蕙于归，在台北举行婚礼，严家淦（时任"总统"）夫妇为之证婚（严家淦乃苏州人，与吴子深为姻亲）。

　　浣蕙已年逾古稀，现定居于美国洛杉矶，不时来沪探访故旧，游览祖国大好河山。笔者曾陪同游访沧浪亭苏州美专旧址，凭吊之余，不胜感慨！又前往游览"严家花园"等名胜。

　　浣蕙在沪购置房产，似有野鹤还巢、叶落归根之意。

忆叶浅予

———

张佛千

结交全部漫画名家

内地最有名的漫画家也是国画家的叶浅予，于 1995 年 8 月 5 日在北京逝世。我在第二天即接到在香港服务的大陆女作家杨芳菲电告。以后又有大陆朋友来信要我写悼念之文，浅予长我一岁，相识之时都少年好事，有许多回忆可记。

我在 1935 年 5 月由北平到上海，创办《十日杂志》，因为内容是综合性的，所以结交多方面的作家，也有诗人、画家、影剧明星。那时中国漫画刚刚起飞，上海的报刊多发表漫画。我向许多漫画家拉稿，后来都成为好友，与叶浅予、黄苗子往来最密，苗子方当弱冠之年，传统诗做得极好，我与江南才子卢前（冀野）都十分器重他，三人成为忘年之交。浅予天赋聪明，头脑灵活，热情而多豪气，他的长篇漫画《王先生与小陈》，在销路最广的《申报》连载，风靡全国。还有漫画名家鲁少飞、张正宇、张光宇兄弟，年轻的胡考、华君武、丁聪、廖冰兄。而张乐平、陆志庠二人更是天真淳朴，如原木之未雕，什么都不懂，只对漫画无师自通，好像七窍六窍皆闭塞，只有绘画的那一窍是开的。张乐平画《三毛流浪记》，经报刊连载，三毛乃与王先生齐名。陆志庠是个"天聋"，更不大说话。好在当时漫画界的老大哥们都重义气，对小友极力扶持提携。抗战开始，他们都以一支画笔报国。抗战胜利后，我们重逢匆匆，又一别半个世纪。我在1988年第一次由台回大陆，到杭州的第二天即巧遇浅予，他同日由桐庐到杭州，又相偕参加华君武五十回顾展的酒会，昔日十多岁的小友，今日已是年近古稀的大名家。（我曾专程到香港会晤黄苗子，他陪我去看杰出的大画家黄永玉，苗子告我永玉也是当年的小友，只是我缘悭一面。）

为程砚秋画像

回忆的镜头回到60多年前，我到上海不久，一天，一位"要人"返国，我在社中设宴招待，此公喜好艺文，我邀请许多陪客，有作家、画家、诗人及影剧明星，筵开两桌，那天正好是四大名旦之一的程砚秋自北平到上海演出的第二天，此公希望饭后能去看戏。头一天演出程戏的黄金大戏院已经"拉铁门"（客满），第二天当然更买不到票。黄金大戏院的老板是我所相识的黄金荣，我姑且打一个电话试试。我只说有位南京来的客人想要看程老板的戏，黄金荣要我直接到戏院，他派人招呼。客人们听了这个消息，都要做陪客，我只能说："恐怕没有这么多座位。"他们都说："没有座位我们就不看。没有关系。"于是大队到达戏院，在门外招呼的人我认识，大队一直进去，一、二排的客人纷纷让座。招呼我的人说："他们都是老大请来的自家人，明朝还可以请他们来，弗要紧格。"于是全部20多人一齐入座。我又告诉戏院的管事，我同程老板在北平相识，散戏后可否到后台去看他？回报："程老板说欢迎。"于是散戏后,我们走进后台,这位要人与程老板接谈几句。他回到南京,逢人夸说我在上海如何吃得开。后来我告诉黄金荣另一娱乐事业"大世界"经理徐福生,他说:"你正好遇到老大招待自己弟兄,不然哪能让出这许多座位来。就我所知,这是从来没有的事。"

浅予给程砚秋画了一张像,不是夸张手法的漫画,而是正规的速写,归来并加上彩色,非常传神。第二天我拿到程下榻的旅馆,他看了画,又知道画的人是大名家,十分惊喜,笑说:"是不是送给我?"我说:"我要香花供养。"并请他题字,表示他看过了,他想了一下说:"那我就写'砚秋敬阅'四个字,合适吗?"在我极口称赞之下,他规规矩矩地写了这四个字,又说:"我也学着写字画画,也有名家给我刻的印章,可惜不在身边。"我说:"这四个字是您的亲笔,已经够名贵了,将来再补章也可,留下这个题目,好来找您!"他浅笑说:"您来,还用着题目吗?"他的言谈温馨亲切,我将这幅画裱成立轴,后来连同其他书画一并打包运渝,难逃敌机轰炸之劫。

为刘宝全画像

抗战前一年,有鼓王之称的刘宝全由津南下,在南京秦淮河畔齐芳阁的鸣凤茶园献唱,秦淮河一带有好多家卖面点的茶楼,齐芳阁之名最著。听到宝全大鼓的茶资每人大洋二元,这在当时是天价,原来的一角加了二十倍,首都人士震于鼓王大名,场场爆满。我每月都要从上海到南京,有公有私,小住一周,适逢鼓王登台,我邀家住南京的诗人卢冀野、潘兑公(字伯鹰,后随章行严任秘书赴北平为和谈之使)及由沪来京的浅予、苗子,一同听歌,一连三次都是风雪之夜。

宝全登台,先依例说开场白一段,脱下皮帽,唱了一段,脱掉皮大氅,再唱一段,又脱掉背心,只剩下长袍有带束腰,常以巾拭汗,可见其卖力使劲之态。高亢则悲壮，低沉则哀感，满座凝神屏息而听。浅予下楼赴附近文具店，购得宣纸、毛笔、墨汁为宝全作速写之像。我拿到中央饭店访刘，出示此画，他大为惊叹，我请他钤一印章，他只有木刻的章，但能存真亦佳。潘玉公题了一首七古长歌，只记得一两句，"二三子者颇好我，雪花邀听刘宝全。"其余已不能记。卢冀野题了一阕"采桑子"小词：

白头人在，岁晚相逢风雪外；行李匆匆，烽火连年照海东；
长歌博望，虎斗龙争成绝唱；檀版零丁，又见人间柳敬亭。

黄苗子题七绝一首：

烟尘北国三千里，风雪江南一片愁；
飘泊秦淮老歌客，解衣击鼓说曹刘。

苗子并加短跋："予诗与字，不能见人，佛千强之，不敢辞也。"今天他的书法已卓然大家，名满海内外矣。

此画未裱，故于抗战中也未打包运输，历劫来台，犹存行箧，我也作"采桑子"一阕，补写于此画纸末，词曰：

蓦然唤起华年梦，裘马清狂；龙战玄黄，飞雪秦淮听鼓王。
酒徒生死无消息，沧海尘扬。孤岛流亡，墨迹摩挲鬓尽苍。

此画曾持示台静农、梁实秋二老，都赞为难得。新中国成立后，因为历史原因未敢装裱张挂，置之书橱，为虫书食。

画茶壶与花瓶

一家瓷器公司邀我参观工厂，并在冠生园晚宴招待，我邀同冀野、苗子、浅予、乐平等前往，老板见来了画王先生与画三毛的画家，更加高兴。我灵机一动，要他取来尚未进窑的成品，请大家作画，大概一人画了两件，我得了三件，一个小小茶壶是浅予所画猴子抱蟠桃，并题"齐天大圣偷吃蟠桃"，告我"因为你生肖属猴，此壶为你而画"。另一个托壶的小碟子，是胡考所画，他的画风别具一格。另一高约尺许的中型花瓶，方形四面，一面请浅予画王先生，一面请张乐平画三毛，一面请张光宇作画，我在光宇家曾见壁挂了一幅他画的上海乡下来的年轻小老妈，别有风情，十分妖娆，我请他照样画在瓶上。浅予、苗子都对我称道光宇的功力，光宇自笑这张画比他家中的那一幅画更好。三面画画，尚有一面便请冀野题诗，冀野却要我作打油诗一首，须将王先生、三毛、小老妈都要写进去，我仓促成诗：

才子相看也发愁，妖娆小妇太风流，王胡翘起三毛笑，拿了花瓶却打油。

王先生有两撇小胡子，故曰"王胡"，冀野有"江南才子"之名，故曰"才子"。冀野对我说："把你也写进去就更好了"，他写时改成"张弟庐兄共发愁"。大家鼓掌。最后由张正宇为四面沿边画图案。

这一花瓶置我的书桌之上，小小茶壶，时时在手，抗战中连同许多物件寄存戚家，胜利后返港，皆已不见。此瓶如果尚在，当是异宝。

正宇、光宇有一位过继给舅家的弟弟曹涵美，是画《金瓶梅》的名家，在上海一家著名的大型画刊（好像是《良友》）连载。当然有许多不能发表的画。画室在四楼，不许家人进入，我因正宇、光宇的关系，数度登楼欣赏，承他赠我二幅，一为有相之相，一为无相之相，前者春色无边，不可说，不可说，后者超以象外，意可会，虚胜实。

一天，浅予在我处饭后，随兴画了一张王先生逛街，小陈后随，鼻头上落了一只苍蝇。在旁几位画家，分别画行道树、楼房、商店招牌。上海弄堂门口墙上常见的"在此小便是为乌龟"，补了许多景，居然杂凑成章。我的表兄时为《十日》杂志编辑的杨祖植，作了一首七古长诗，重点在王先生鼻上的苍蝇，事情交关稀奇，诗句极跳宕嬉笑之能事。我将此画以二页连接在《十日》杂志制版发表。

阵中日报战地服务队

抗战初起，我奉令在苏州创办《阵中日报》，日印十万份，每日黎明前送达前线。我请浅予组成"阵中日报战地写生队"，速写英勇的战士，我用整张的版面刊出。画家们不怕危险，十分辛苦，在他们返沪时，除了稿费外，我将一大叠钞票塞进浅予的衣袋里。（我曾请准我的上司袁守谦，在战地我要用的钱是无单据不报账的。）我同浅予重逢提到此事，他笑说："大家高兴地分了。"

我还有三幅长卷：一是春节街景，一是舞龙与舞狮，一是老鼠嫁女，都热闹之至，传神可喜，是张乐平、陆志庠之作，但哪一个人画哪一幅画，我已不能确记。与前述浅予的画，都在重庆炸毁。

我现在还保存一幅浅予同大家合作的画，有小山，有亭，有一松横出，有一人散步，由漫画大老鲁少飞题记，"正宇、光宇、苗子、英超、浅予、少飞、籁鸣、全班明星合演。己亥秋夜"。己亥是民国 24 年。是在我处晚宴后即兴之作，因未装裱，所以折叠置于行筐，逃过兵火之劫。我拟裁成同样大的纸，寄澳洲黄苗子作一题记可述当时少年呼啸欢乐之状，同裱横幅，并列壁上。

最为可惜的是浅予曾应我之请，画"天女散花"以赠，在台曾持示大千居士，他大为赞赏，不慎为虫食尽。与浅予重逢，他在作品中选了一幅新疆少女舞姿相赠，并说："将来要照老样子为你重画一幅更大的。"今浅予已作古人，天女舞姿，只能徒存想象了。

叶浅予师友艺术走路团

我是在 1988 年 9 月初，第一次回大陆，先飞北京，后飞上海，再乘火车到杭州。当天就打听浅予的消息，经过旅游社多方联络，幸而遇到热心的杨芳菲，她在午夜冒大雨骑车到我住的饭店，我们是初见，她在杭州艺术学院工作，凡是台湾到杭州的艺文人士，她都热心招待。她告诉我：浅予今天刚到杭州，明天陪我去看他。到第二天傍晚才见到浅予，一别逾半个世纪，他依旧是当年轮廓，只是小胡子已经白了，一对炯炯有神的眼睛，瞪着我半天，然后第一句话，"我们还能见面！"然后哈哈大笑，然后紧紧拥抱。

浅予是杭州邻县桐庐人，他将他的大部分画作捐给桐庐，县政府为他在富春江畔的桐君山上盖了一幢小楼，他名之曰"富春画苑"，春秋住桐庐，冬夏住北京，他是北京中央美术学院教授，中国美术家协会会长。这次由桐庐来杭州，是因许多久已毕业的弟子到杭州来听他讲学。浅予后来精研国画，他的人物写生已有极高的造诣。过去国画传统的学习方法是临摹，缺少写生训练，所以认为"画鬼易，画人难"。近代来台的两位大师，画美女与高士，一百个人都是一个样，浅予不知道速写了多少各式各样的人，所以笔下的人像千形百态，极尽其妙。而在山水画方面，以西方的技法融入东方传统，都是由于他的自修而得，正如孟子所谓"自得之"，故能"左右逢其源"。这次自北京及华北各地来的

20 多位高足，都是已有名气的画家，他们租了一条大型画舫，放乎中流，在美丽的西子湖中开讲，真是一个最美的设计，可惜我上午没有联络到，未能参加。

浅予告诉我，他的高足们还要游绍兴及千岛湖，再到富春画苑，游富春江畔名胜。组织了一个"叶浅予师生艺术旅行团"，邀我参加，还有来自香港的张麟玲（即是过去著名影星钟情，改行画画）与艺术评论家黄蒙田，因而浅予将旅行团改名为"叶浅予师友艺术走路团"。马上印了名片，第一名叶浅予，接着是我、华君武、张麟玲、黄蒙田，然后是高足们，殿后的是热心服务的杨芳菲与浅予的女儿文玲，我尚保留了这张纪念性的名片。

东湖、兰亭、沈园

我在上海工作时也经常出游，只限于由杭州到南京火车沿线的名城，一方面工作忙，一方面上海娱乐之道太多，总苦昼短夜也短，所以火车线外的名城如绍兴及富春江都无暇一游，这一次参加旅行团，可一偿夙愿。

我在杭州遇到浅予的第二天，便随团乘一部大客车向绍兴进发。绍兴是历史名城，春秋为越国首都，秦始皇改名山阴，唐代改名越州，宋高宗南渡曾一度为临时首都，改元绍兴元年，因又改名绍兴府，现在的绍兴市合并诸暨、上虞、嵊县、萧山、新昌五县。我们游览只限于绍兴，绍兴出了许多大名人。第一位是治水而崩逝于此的大禹，其次是卧薪尝胆的越王勾践，大书法家王羲之，大诗人陆游，大画家徐渭，大思想家王守仁，大史学家章学诚，近代革命先烈徐锡麟、秋瑾，文学大师鲁迅。总之，绍兴有数不清的名人。

我们在绍兴，共停留两个整天，要看的景点太多，现在根据手册追记，只是先后，已非当时次序。

东湖：湖岸石崖如屏，有石桥九座，最美之处是两个石洞，一是仙桃洞，如天神挥斧，将巨石劈成三片，上窄下宽，见天一线，小舟盘旋，曲折有幽致。石壁上刻联："洞五百天不见底，桃三千岁一开花。"传说原来洞顶石上有一桃树，桃子味极鲜美，故名仙桃洞。另一为陶公洞，来源未考。也是如斧削成，一线见天，高壁飞泉，入潭有声，暑气全消，我们分乘小舟，行两洞半，不舍离去。杭州西湖无此奇也。

兰亭：距城约十公里，一片小坡之下，是王羲之雅集的流觞曲水，石上小坐，俯视清波，发思古之幽情。水畔有亭，亭内有碑，刻"鹅池"二字，是右军手迹。再进则是御碑亭，碑的正面刻康熙兰亭集序全文，背面刻乾隆诗"兰亭即事"七律一首。据说此碑是我国最大的石碑之一。右军祠的正殿有王羲之像，殿前有一相当大的"墨池"，中建墨华亭，有桥可通，两侧为长廊，壁上遍嵌唐以来书法家摹写兰亭集序的刻石，长廊有茶座，可以小憩。

沈园：有大诗人陆游十分哀怨的故事。陆游初娶唐琬，因迫于母命离异，数年后，二人在沈园一顾而过，各已嫁娶，陆游《钗头凤》词一阕，题于壁上。最为后人传诵回肠荡气的是两首七绝："城上斜阳画角哀，沈园非复旧池台，伤心桥下春波绿，曾是惊鸿照影来。""梦断香消四十年，沈园柳老不飞绵，此身行作稽山土，犹吊遗踪一泫然。"桥已重建，根据诗意名"春波桥"，我们在桥上走过。沈园本为宋代名园之一，规模很大，久已荒废，亭台轩馆均仿旧重建，特增"陆游纪念馆"，保留土墙一段，云是沈园旧物。

绍兴石桥多而美

城外有很多地方未能去，包括风景美好的鉴湖，湖水最清，绍兴酒即以此酿制。禹陵、禹庙及舜庙，数十太孤立的石崖刻成巨佛，秦始皇东巡至此的"秦望山"，上有有名的李斯颂德碑，连近在城内的越王台也未一游。

在游程表之外，最令大家流连忘返的是绍兴的石桥，多而形式不一，都有一种朴拙之美，河旁的人家栉比，石岸老屋，富有古意。还有两座桥，一为"题扇桥"，王羲之在桥上遇一老妪卖扇，羲之于每扇书五字，妪有愠色，羲之曰："但言右军书，每扇百钱。"妪如其言，扇售画。桥以此得名。（事见《晋书·王羲之传》）另一为"拜王桥"，是越王钱镠战胜迹，官兵拜谒于此。

富春画苑浅予家

我到杭州的第二天，遇见浅予，第三天、第四天游绍兴，第五天预定游千岛湖，因为风雨甚大，招待人员怕我不能走太多的路，劝我不要去，又因张麟玲、黄蒙田也不去而径到浅予家，于是我们同行，仍附乘旅行团的大客车，到浅予家附近下车。

浅予家在有名的桐君山上，面对富春江，楼下正中一大间客厅，两旁是卧房，楼上是浅予画室。长案之上一个陶制大瓶中插了一把芦花，朴而雅。

园中遍植花木，小楼门首有浅予自题的"富春画苑"横额。墙外有石刻浅予自作自书的"富春画苑记"。浅予因我们到来，特将未裱的好画，一齐张贴在大厅的壁上，都是水彩写生，有少数民族的舞蹈，也有印度舞蹈，有独舞、双舞、三五人及多人联舞，他的写生功力已入化境，线条之美，灵活、有力，表难表之神情形态。我们坐在厅中，壁上舞衣翩翩，真觉四面生风。我要求看他后来画的山水画，于是他取出几大张挂在墙上，造境、着色，都有突破。令我非常惊喜。这些画后来都收入张麟玲所编印的《叶浅予画集》中。

在富春画苑一宿，第六天一早，浅予带我们到桐庐县城吃早点，县城在江那边，我们走到山下江边渡口，有新油漆的木造渡船，中间客舱可坐二三十人。船行片刻即到对岸，拾级而上，菜市占了好几条大街，人声鼎沸，乡下农民挑来的菜蔬水果，鸡鸭鱼肉，也有日用品，大街挤得水泄不通。我们走过一家小棚，豆浆醇而浓，油条香而脆。吃罢逛城隍庙，遇一人背负新猎得的野獐，重二三十斤，喊价二十元，台北客看来实在太便宜了。浅予也未还价买下，他说今天晚上有二十多人来吃饭，指的是吉岛湖的一群。浅予的女儿文玲非常能干，在街上又买了鸡鱼蔬菜，回来后她就下厨忙碌。大厅中摆了两张大桌，一群游饿了的年轻人，仍然吃不完丰富的菜。饭后，浅予已请接待单位安排大队住于附近的观光旅馆，我们三人仍住富春画苑。

富春江上好风景

第七天一早，全体同游富春江畔，先到严子陵祠堂，壁上有范仲淹撰书的"严先生祠堂记"，这方珍贵的碑文已剥蚀难识，只有"云山苍苍，江水泱泱，先生之风，山高水长"四句，尚依稀可辨。祠前有碑廊，刻了唐宋元明名家的诗，客星亭是本于汉光武旁留严光同榻，严熟睡后以足压帝腹，次日太史奏，"客星昨夜犯帝座"。故建此亭"东台"即严子陵钓台，巨石悬伸江岸，石面甚广，上有石亭，已重修多次，范仲淹诗："世祖功臣三十六，云台争似钓台高。"明袁宏道有诗甚幽默："溪深六七寻（八尺为寻），山高四五里，纵有百丈钩，岂能到潭底？""西台"为谢翱恸哭文天祥处，也建有石亭，亭前屹立"西台恸哭记"巨碑。

碑廊画处有临江小筑，楼上为"清风轩"，设品茗雅座，四壁多名家书画，室外有回廊，最宜观赏江景。轩侧有清泉一脉，陆羽《茶经》指此为"天下第十九泉"。亭侧石壁刻此六字。我们小坐，真个泉甘而茶香。

随着大队回到他们昨晚住宿的旅馆晚餐，我同张、黄亦留宿于此。翌晨（第八天）大队乘车返杭，因黄要为其主编之艺术杂志写访问浅予的专稿，需要现去富春画苑，我也愿与浅予多见一次，乃与黄、张同行，要走三四公里桐君山的山路，浓荫石磴，中途有亭可息。后来浅予告知桐君山上有桐君祠，有古塔，"江天极目阁"上还悬有浅予捐赠的"富春山居新图"。早知何妨多游半日。

午餐后，我们三人同回杭州，张、黄飞港，我回故乡——安徽庐江。

速写像与嵌名联

在浅予家，周思聪女士为我速写小像。浅予题其上："富春画苑贵宾留影，浅予记之。"

在"叶浅予师友艺术走路团"中，大家对我都十分热情照顾。途中休息闲谈，我答应每个赠一副嵌名联。浅予要我先作两副，并指着一位高足曹无，说他的姓名两字都难嵌。言下有考验之意。曹无是山西人，魁梧奇伟，比常人高出一个头，一部兜腮胡子，大有风尘三侠中虬髯客的风采。于是我成一联：

独出其"曹"，北人异相。

有生于"无"，老子哲言。

我又说，"如要把你这个老师拉进来，可将'北人异相'改为'大师高足'。"众皆称赞，浅予又指另一高足王超考我，我很快交卷：

> "王"其神而行以气，
>
> "超"以象乃得其环。

上联本"庄子""其神王"，王是旺盛、强旺之意。下联本"诗品""超以象外，后其环中"。正贴切其为画家。

浅予又要我制联赠他，我也很快作成："浅"基謇謇谈往事，"予"怀涉涉思故人。

浅予大喜，画家们纷纷索联，我答应以后一一寄上。回台事忙，又三次住院，跌断了右腿，所以这一大堆的人情债一直在拖。苗子自澳洲来函建议，大陆艺术界都佩服楚戈，嵌名联最好请楚戈写。正好我接到张麟玲寄来浅予画集，乃为浅予再制一联：

> 良友醇醪不厌"浅"，
>
> 天才妙诣能起"予"。

上联本《三国志》："与周公瑾交，如欲醇醪。"下联本《论语·八佾》："子曰：起予者商也。"

我后来接到香港沈苇窗寄来他主编的《大成》杂志，附函告以中有方地山赠叶浅予联：

> 相对深人无"浅"语，
>
> 敢言举世莫"予"知。

函中并谓此联只是嵌了名，但对受者并不贴切。谓我之二联，胜于昔贤。良友好我，在《大成》中数有溢美之辞，今苇窗忽作古人，益增伤感。

我要找楚戈写联，他是一个大忙人，迟迟写好后，适苗子、郁风伉俪由澳洲返北京，乃寄其转致，幸能在浅予逝世前送到，否则将焚之于其墓前矣。

回首前游，是我们一别 50 余年最快乐的相逢，也是最后的相别，日月飞逝，人生无常，可胜叹哉！

叶浅予其画其人

张宝林

叶浅予（1907—1995），原名叶纶绮，祖籍浙江桐庐，20 世纪著名文化老人，画家、美术教育家。他的艺术生涯与中国历史大波澜紧密相连。1936 年曾联合全国漫画家举办第一次全国漫画展，次年成立中华全国漫画界救亡会，为该会负责人之一。抗战爆发后，又在上海组织漫画宣传队，任领队并加入郭沫若负责的政治部第三厅，投身抗日宣传工作。1940 年在重庆作《战时重庆》组画。新中国成立后曾任全国政协委员，中国文联委员，中国美协副主席，中国画研究院副院长，中央美院中国画系主任、教授。

叶浅予的艺术成就非常全面，他是中国漫画的开创者之一，也是现代速写和插图的奠基人。早年在上海创作的连环漫画《王先生》《小陈留京外史》，组画《天堂记》，是中国漫画史上的杰作；他为茅盾小说《子夜》、老舍剧本《茶馆》画的插图堪称经典；他的彩墨人物，尤其是舞台人物速写，更是中国画坛一绝。这种独具一格的速写形式，把国画的写意、西画的写实、速写流畅的线条、素描虚实的光影熔于一炉。那笔墨功夫，勾勒技巧，造型能力，色彩运用，真叫人叹为观止。

作为美术爱好者，我非常喜欢叶浅予的彩墨画，曾买过多本他的画册，反复观赏，爱不释手。他那千姿百态的舞台人物，无论戏剧舞蹈、土著洋人、裙装纱丽、苗袖藏袍，也无论独舞群舞、轻歌曼舞、狂歌劲舞，只要入了他的法眼，落在他的笔下，宛转腾挪，举手投足，颦笑顾盼，无不洒脱奔放，栩栩如生。那些繁复的民族服饰和歌舞道具，虽然只是画面的配角，但他也绝不轻忽，删繁就简，画龙点睛，寥寥几笔，就把陪衬绿叶变为锦上之花。

叶浅予笔下的舞台人物，千千万万，都储存在他那电脑硬盘般的大脑里，随时可以调用，所以他常常取来画赠友人。因此，同样的人物，就有了许多不同的版本。

我的岳母高汾藏有叶浅予的一幅舞台人物画，前些年一直挂在客厅。有一段时间，我朝夕观摩，悉若邻人。这是一个活泼可爱的小舞女，粉衣黑裤，皓目修眉，两鬓簪着两朵红花。舞姿定格在一个非常美的画面——右大臂前伸，小臂弯曲成直角，纤纤玉手举着一柄绢扇，轻轻放在脑后；左手持一块青帕放在胸前，身体略向左倾，眉眼做顾盼状，两腿一前一后成剪步，穿着花鞋的双脚就摆出个丁字来。这显然是个亮相的瞬间，但那瞬间的力度一定很大，不然怎么只那么一甩，就把个系着红绸子的大辫甩到身后飘起来了呢？

叶浅予的舞台人物画，幅幅精妙，这得益于他早年的素描基本功。他从20世纪30年代起，就以墨西哥漫画家珂佛罗皮斯为榜样，随时随地带着一个速写本子，走到哪儿画到哪儿。长期的刻苦训练，使他对人物的外在形象与内在解剖学原理如庖丁解牛，烂熟于心。他的人物速写，线条极其简练，几乎无一废笔，而形神无不妙肖。

叶老的文章也很精彩，往往信手写来，涉笔成趣，而他写信写文章，多用毛笔。他无意做书法家，笔迹汪洋恣肆，挥洒自如，又是绝好的书法作品。

正因为叶老学养深厚，书画精良，所以全国各地的报刊编辑都以约到老人的稿件为幸，有的报刊还把能否得到叶老稿件作为判定编辑能力的标准。

高汾和叶浅予是几十年的老友。当年在陪都重庆，高汾是《新民报》记者，负责文化新闻报道。重庆美术界的一批画家傅抱石、吴作人、张光宇、张正宇、叶浅予、丁聪、司徒乔，还有《救亡日报》时期高汾的老朋友郁风、黄苗子等，非常活跃，常常聚会聊天，也举办展览。高汾常参加，还写些报道在《新民报》发表。这样的老朋友，新中国后自然也保持往来。除了反右那一段，一直做报纸副刊编辑的高汾，约稿名单里总少不了叶浅予。从《大公报》《财贸战线》《中国财贸报》，到后来的《经济日报》，都是如此。而名声渐隆、甚至当了美术界领导的叶浅予，也对老友多有关照。

《经济日报》创刊以后，高汾以老朋友的身份多次向叶浅予约稿，二人书信往来，留下不少佳话。下面这封信就是其中之一。

高汾同志：

七月二十九日函收到，我于六月廿四日在东北走了五十天：沈阳、哈尔滨、大连，昨日回来。

你们发表我的画在沈阳看到，我故意不提人名，就怕画得不像，便于藏拙。其中有李凤兰、王丹凤、胡松华、袁世海、康巴尔汗、阳翰笙、张瑞芳。未刊的巨人是天津作家冯骥才，侏儒是黄苗子。你猜的丁玲错了。

叶浅予

八月十五日

　　这封信是 1983 年写的，当时《经济日报》创刊才八个月。

　　看来，此前叶浅予给《经济日报》提供了一组人物漫画肖像。大概是黑白稿，因那时的报纸多是黑白版，只有节日才给报头套红，所以不必画彩墨，画了也出不来效果。

　　叶老那年 76 岁。他刚刚在东北"走"了 50 天，用行话叫"采风"。他可能游历了名山大川，也可能会见了旧友新朋。这些都只是"可能"，只有一点是确定无疑的，那就是，他的速写本上一定又积累了许许多多的新素材。回到北京，行装甫卸，征尘未洗，他就拆看了书桌上的一摞信件，其中一封就是高汾的。他注意了一下信封，邮戳上的日期是 7 月 29 日。那熟悉的笔迹，告诉他《经济日报》哪天登了他的稿子。信里，高汾还猜了他的谜。

　　漫画家都是天生的幽默家。叶浅予、华君武、丁聪、方成、黄苗子、廖冰兄，莫不如此。一个最著名的例子是黄苗子和丁聪。多年前，黄苗子谈到立遗嘱的事："关于骨灰的处理问题，曾经和朋友们讨论过，有人主张约几位亲友，由一位长者主持，肃立在抽水马桶旁边，默哀毕，就把骨灰倒进马桶，长者扳动水箱把手，礼毕而散。有人主张和在面粉里包饺子，约亲友共同进餐，餐毕才宣布饺子里有我的骨灰，饱餐之后'你当中有我，我当中有你'，备显亲切。这些本都是好事，但有人认为骨灰是优质肥料，马桶里冲掉了太可惜；后者好是好，但世俗人会觉得'恶心'，怕有人吃完要吐。为此，我吩咐我的儿子，把我那小瓶子骨灰拿到我插队的农村里，拌到猪食里喂猪，猪吃肥壮了喂人，往复循环，使它仍然为人民做点有益的贡献。"苗子无意，丁聪有心。没多久，他就据此画了一张漫画：墙上挂着黄苗子的"遗像"，而他本人正坐在病床上笑眯眯地写遗嘱呢。黄苗子今年 1 月仙逝，他的骨灰果然没有保留。

叶浅予的连环漫画《王先生》是他的成名作。作品的主人公是王先生和小陈，这个反映旧社会上海滩大千世界的连环画，就是由一系列滑稽幽默的故事构成的。叶先生曾说："漫画使我习惯于用夸张的眼睛去看周围的形象，包括自己在内，常常想把周围的形象漫画化，获得有趣的效果。"

于是，在出差去东北前，他给《经济日报》画了一组文艺界同行的漫画像。他画了李凤兰、王丹凤、胡松华、袁世海、康巴尔汗、阳翰笙、张瑞芳、黄苗子、冯骥才，但没有标明他们谁是谁。可能他认为这不是个问题，也可能故意让大家猜谜。

写这篇文章时，我本想到图书馆查查那天的报纸，如果查到，复印下来，附在文章中，一定很有趣。他会把袁世海画成什么样？王丹凤那样的美人也能漫画化吗？胡松华的大眼睛，估计会画成一对大灯笼吧？他喜欢和朋友们开玩笑，他肯定要把这些友人的体征大大地夸张了一番。画的时候，他会参考他们的相片吗？也许并不需要，他太熟悉这些人了。而且，抓取人物特征，本来就是他的拿手好戏。

我最终没有去图书馆，原因之一，是我不想得到那么明晰的答案，我要为我的想象留点空间。

老人美美地睡了一觉，第二天早早就起床了。他坐在书桌前，摊开了高汾那封信，然后从笔筒里抽出一支毛笔，又顺手拿过一张毛边纸，挥笔写了起来。

——"你们发表我的画在沈阳看到，我故意不提人名，就怕画得不像，便于藏拙。"

这当然是他的谦虚，他的本意是"获得有趣的效果"。

信的最后两句，显露了这位"老小孩"的狡黠。

——"未刊的巨人是天津作家冯骥才，侏儒是黄苗子。"

冯骥才人高马大，黄苗子短小精干，把两个人画在一起，形成明显的反差，这该有多好玩啊。可惜，这两张画，报纸都没登。

为什么不登？登出来对人不尊重？怕冯、黄二位提抗议？叶老可能有点遗憾。其实编辑们过虑了。这些朋友都很豁达，不会计较这种善意的调侃，只有不懂幽默的政客，才在意自己的尊容被人"歪曲"。

——"你猜的丁玲错了。"

我揣测，叶老写这句话时，一定笑出了声：哈哈，我要了一点小技巧，就把你们蒙了。怎么样，没猜对吧？把男人猜成女人啦。

叶老晚年，除了画彩墨人物，也画山水，特别对家乡的景物，倾注了满腔热情。他曾数次回到美丽的富春江畔，那里的山川风物使他想到亲人师友，记起童年玩伴，让他流连忘返。浙江籍的画家、叶老的老朋友郁风曾陪老人一起回乡采风。后来叶老费时两年，三易其稿，画成《富春山居新图》长卷，以后又画了《富春人物画谱》百本。他还写了一本回忆录，皇皇数十万字。这是老人晚年留给我们的一份珍贵遗产。

让我们感喟的是，这样一位美术大师，却并非科班出身，他只上到中学，绘事完全凭兴趣自修。其实，大师许多是没有学历的。齐白石是木匠，启功中学没毕业，这足让那些唯学历论者难堪。

幽默：方成的艺术与生活

———

张建立

我知道方成先生，与许多读者一样，始于欣赏他的漫画。渐渐地，不看署名，也能知道哪些是他的作品，这便是大家风格使然。认识方成先生本人之后，再看他的画，首先想到的倒是他本人幽默的言谈和乐观的生活态度。

幽默的生活

第一次见到方成先生，是一个冬日的午后，在张守义先生的工作室。两人都微醉，相偕从外面归来，张先生手里还提着喝剩的半瓶花雕。虽然久闻方先生的一些掌故：爱骑自行车，爱游泳，爱酒。初见其人还是微微吃惊：黑发，挺拔，精神矍铄，一点也不像83岁的人！

方成原名孙顺潮，"方"是他母亲的姓（这不禁令人想起了鲁迅的从母姓鲁）。在武汉大学读书时，学的是化学专业，业余时间却都用来钻研画艺。画漫画的基本功，便是这时在学校里每周一期的抗日宣传壁报上练就的。1942 年武汉大学化学系毕业后，他进入黄海化学工业研究社做助理研究员。自由的天性与冷冰冰的化学试验水火不相容。四年之后，便毅然辞职，跑到上海从事起漫画创作来，并以此为终生之业。

方成有一段自我介绍："方成，不知何许人也。原籍广东省中山县（填表历来如此写法），但生在北京，说一口北京话。自谓姓方，但其父其子都姓孙的。非学画者，而以画为业。乃中国美术家协会会员，但宣读论文是在中国化学会。终生从事政治讽刺画，因不关心政治屡受批评。"方成的这段自述幽默、诙谐，颇能概括他的性格与生活。用他自己的话说，他选择漫画，是因为"我更喜欢漫画家这种自由自在的生活方式"。

但其实漫画家也并不自由，历次运动他都没有躲过。20 世纪 50 年代"反右"时因一篇杂文惹下大祸，被批得"失魂落魄"，"幸亏领导手下留情"，只写个检讨放行过关，"右派"帽子"拿在群众手里，以观后效"。杂文是不敢写了，又与相声大师侯宝林合作写起相声来。正赶上"文化大革命"，又成罪状，加上"原罪"，被批斗、抄家，关进"牛棚"，结果全家曾一度被赶出北京，监督劳动达 10 年之久。回想起这一段经历，他还幽默地说，自己此生没有当官的命，但在"牛棚"时被封为"牛长"，这是他当过的最大的"官"了。手下的"牛鬼蛇神"里，职位最高的是副部级。正是这种幽默、乐观的性格，逆境、磨难对他来说都算不了什么。

文人好酒，方成也不例外。他与许多朋友都是因酒而相识，因酒而友谊日深。早年他和钟灵合作漫画，往往是从画案移到酒桌，酒激发出灵感，又从酒桌移到画案，许多令人捧腹、促人深思、给人启迪的漫画佳作就是在酒桌与画案间形成的。有一年春节，方成的妻子陈今言刚刚去世，他的好朋友钟灵、丁聪、戴浩、韩羽等携酒菜来与他共度佳节。

一会儿钟灵喝得烂醉，众人把他抬到床上，让他仰卧，在他怀里放上一张小板凳，又摆上几个酒瓶，然后列队在一旁垂手站立。一位朋友还将这场景拍下，名曰"遗体告别图"。当晚侯宝林也到场的，但因事早走，没有赶上这"盛典"。方成说，"酒能醉人，几杯下肚，酒力使人层层卸甲，裸现真心，倘非有诈，这样把人间隔阂化开，距离拉近，却是常情。"

谈起养生之道，方成先生说："很简单，只有两条，第一条是常活动，我自己有辆红旗车，只是比别人的少两个轱辘；第二条是心烦想上吊时，先不要急着去找绳子，找杯酒把它喝了，喝了就全忘了。"离休后，他经常从他居住的金台西路骑车穿越大半个北京城，到居住在北太平庄附近的老朋友谢添、钟灵家喝酒聊天。这一段不少于三四十华里的路程，方成一口气骑过去，气定神闲。他说："骑车是一种锻炼，想骑就骑，想走就走，上车就有座儿，不像公共汽车，你得听它的，它还得跟你要钱买票，这多不划算。"

我到方成先生家拜访，见不大的房间里，不仅书架上塞得满满的，画案、沙发、地面上到处堆的都是书报杂志，我正迟疑无处可坐，主人从一旁的饭桌下拿出个折叠式小椅子，打开来坐下，客厅里不大的空间又狭小了许多。我起身告辞时，左看右看找不到房门在哪里，正尴尬着，方成先生走到我前面打开房门，并幽默地说："不得其门而出。"说得我俩都大笑起来。

生活中的任何矛盾和困境，就这样因了幽默和诙谐而统统化解了。他的生活里，幽默像无处不在的精灵，时时给他以灵感，时时令他保持乐观。幽默是他永葆活力的秘诀。

幽默的艺术

方成先生从 1946 年跑到上海开始以创作漫画为业，1947 年被聘为《观察》刊漫画版主编和特约撰稿人，1949 年到北京任《新民报》（后改为《北京日报》）美术编辑，1951 年开始直到 1986 年离休，任《人民日报》美术编辑。40 年里从事的是单一的"工种"：组约漫画稿和创作漫画。方成先生认为，漫画有两个要求，"第一个是语言功能，第二个是有幽默感，一看就让人发笑。但是不要把漫画看得太狭窄。漫画可以发挥它的语言功能，可以讽刺社会时弊。但还有一点别忘了：幽默。幽默是一种很重要的文化。"

问方成先生有没有对自己创作的漫画做过统计？他说，那哪能记得清呢？至今，他已出版漫画集 13 种，儿童诗画 1 种，主编漫画集 13 种，文集 1 种，笑话集 1 种。而他的创作大致分为三个阶段，还是有清晰的脉络可循的："一是解放前的，对国民党的，讽刺当时社会黑暗的，带点敌我性质。""二是新中国成立以后，一直到'文革'前。那一阵我们是跟外国打仗，我是画国际漫画的。这个时期搞的才真正是新闻漫画。我当时在《人民日报》，每天新华社的新闻稿来到报社，我就慢慢一条一条地看，一直看到晚上 9 点新闻稿发齐了。针对当天的新闻，有的再配上漫画。1957 年以后，就谁也不敢画了，谁画谁当'右派'。所以我也没法画。""第三个阶段就是 1980 年以后。1979 年秋天第四次文代会上，闭幕的时候邓小平同志给我们讲话，他说不要把文学艺术问题与政治问题硬联系在一起。从那个时候起，我就开始画国内问题的漫画。当时开完会，我赶紧就回到报社，要请假。我说我要开漫画展，其实当时自己一张画也没有。在三四个月时间里，我画了一批画，有 100幅。像《武大郎开店》，都是当时画的。那批画，我憋了十几年不敢画，现在一放出来，我就使劲画。这批画，是我画得最得意的，因为当时完全是有感而发。"

1980 年 8 月，"方成漫画展览"在中国美术馆举行。这是新中国第一个个人漫画展。此次展览引起了空前的轰动，展览期间每天都是人山人海。随后在十几个城市进行了巡展。这进一步激起了他的创作欲望。他的一些产生广泛影响的漫画作品都是在这一阶段完成的。

从事幽默艺术工作几十年，可什么叫幽默呢？"30 年前的一天，相声大师侯宝林就向我提出这个问题。""于是我约上李滨声，一同到我家来，打开录音机，谈了整整一个上午。""三人谈来谈去，例子说了不少，还是摸不清幽默的道理来。我们干了这么多年，这才明白，在创作实践和理论之间，知其然和知其所以然之间，还有个很不轻松的探索过程。"

于是，自 20 世纪 80 年代开始，方先生开始尝试着用文字表述对于幽默的探索与理解。在他看来，"理论出于实践，也指导实践。理论必须经过实践才能理解、认识。有实践经验也才写得出理论，再让实践来证实。"至今，他已出版《幽默·讽刺·漫画》《滑稽与幽默》《侯宝林的幽默》《方成谈幽默》《英国人的幽默》《幽默的笑》等多种探讨幽默理论的专著。像方成先生这样，在漫画实践和幽默理论领域都取得巨大成就的艺术家还不多见。因了在这两方面的成就，他先后被聘为中国社会科学院研究生院新闻系硕士生导师，武汉大学、郑州大学新闻系兼职教授，中国广播艺术团说唱团艺术顾问。现在，他还是中国新闻漫画研究会名誉会长，《人民日报》神州书画院名誉院长。

但他幽默的艺术世界还不仅包括这些。他也写杂文，写相声，写幽默短剧。已出版《挤出集》《高价营养》《方成漫笔》《画外余音》《画外文谈》《岸边絮语》《画里话》等杂文集多种。他的杂文秉承漫画的一贯风格，充满了方成式的幽默与智慧。可以说，幽默像一条红线贯穿于他的艺术世界。幽默丰富、充实着他的人生，同时将轻松、乐观与欢笑带给这个世界。

贺友直，一介平民、一代宗师

———

毛时安

贺友直先生去世近一年了，我依然无言、无眠、心痛，往事历历，宛在眼前。

那天结束抢救后，相守六十载的贺师母久久握着先生的手，嘴里不断地在呢喃："多少好的一双手、多少好的一双手……"然后颤抖着，抽噎着，在先生的手背上轻轻地摩挲。

我曾经无数次握过这双手，此刻在灯光下，它们白皙、宁静，甚至有点像笔管那样纤细。这双一辈子捏着一杆毛笔、在一方稿纸上构建了一个大千世界的手，一双用小人书抚育了我们这代艺术家的手，一双用小人书养家糊口、几乎一辈子没离开过笔墨砚台的手啊。

"狄次我们算诀别了"

去年过年，我曾经想请老夫子和画家朋友来我家聚聚，考虑到夫子年事已高，终于作罢。因我女婿和他的朋友是铁杆的"贺迷"，我终于

工作中的贺友直先生

　　与夫子相约周一去看他。电话里，他还"Welcome（欢迎）"，挂电话时和我"Goodbye（再见）"。宁波英文是夫子说话的"标配"，他时常会在宁波话里抖落几句洋文，轻快一下。

　　周一十点半，我们按时到巨鹿路 695 号夫子的寓所。我在巨鹿路工作多年。这些年，这条原本僻静很少车辆的马路街道，已经热闹得有点面貌全非了，只是拐进弄堂一切依然如故。695 号依然像两条河中的孤岛，夹在两条弄堂口的中间。楼梯依然陡而窄，踩上楼梯依然吱吱嘎嘎地响。

　　夫子的桌上已经备了茶具：白色的保暖瓶、紫砂壶、透明的盛茶的玻璃壶，还有待客的上了点年头的景德镇斗彩小茶碗，看得出是一早就给我们准备好了的。

　　夫子为人豁达，但也有极细之处。有回他送书给我，我亲眼看他一丝不苟地用牛皮纸把书包得底角四方，有棱有角。这使我想起小时候三阳泰南货店小伙计包的山货和桂圆。

　　看到多来了一个客人，夫子又走到画桌边，从旁边拿出一只青瓷小茶碗，仔细地用清水洗了，擦干净，端了过来。生怕闪失，我一步不离。夫子把保暖瓶里的水倒进紫砂壶，泡的是普洱，然后又倒进玻璃壶，再用玻璃壶给我们一杯一杯地斟茶。我赶紧挡住他，他一脸正经地用普通话喝道："不行，这是我的家！"声音不大，却有无可争辩的威严，很有点冷面滑稽的味道。他一贯如此，一高兴，那些来自街头巷尾的幽默就情不自禁地蹦出来。用他自己的话说就是，老汉喜欢"人来疯"。但这次他的"人来疯"一闪而过。

　　夫子给我们倒茶，身板笔挺，手一点不抖。如许年纪，手不抖，一直是他非常引以为豪的事。夫子画线描，因为这"不抖"，他几乎画到终生。他晚年的线条虽然力量弱了点，但依然挺拔自如。这是夫子的功夫。

　　我每次见夫子，他都是像个老顽童，一派老于世故的烂漫率真，但那天情绪明显低落，讲话的声音没有了从前"哇啦哇啦"的底气，几次三番地说自己："差勿多了，看得到头了。""两边肋排骨痛。""我画勿动了。""勿想画了。""脑筋动勿出了。"我就不断地哄孩子似的哄他逗他宽慰他。我女婿也在一旁安慰他说，神经痛，没关系的。大家都说，会好的，会好的。总算把他的情绪调整了过来。他告诉我们，5 月家乡宁波开画展，邀谢春彦、郑辛遥和我一起去。好不容易去，到时候，再去奉化兜一趟。

席间，谈到当下的连环画，他一方面高兴，看到还有年轻人喜欢连环画，另一方面更多的是担忧。这个把一辈子献给连环画、把连环画视作生命的老人对当今部分作品创作质量的低下，连连摇头。他说了很多很多，我趁机用手机给他拍照，留下了也许是他在人间的最后一张照片。

照片里，夫子依然精神矍铄，眼睛依然又黑又亮地发着光。夫子的眼睛特别活跃丰富，既有上海老市民阅尽人世的一丝狡黠，又有着孩子般的天真活泼，很迷人。他的自画像里，一对眼珠透过鼻梁上的老花镜，斜视着你，令人过目不忘。

我说："我住得太远了，不然，我会常来陪你说说话。等天好点，我陪你到襄阳公园走走，散散步。"人老了，会很寂寞，总要人和他说说话的。我们就这样有一搭没一搭的，一直说到午饭光景。怕太累着他，我们起身告辞。

再三阻拦无效，夫子执意送我们房门口，突然对我女婿说了一句："狄次（这次）我们算诀别了。"我赶紧回身去捂他的嘴。我说："老伯伯，勿作兴格，再讲要掌嘴了。"下了楼梯，回头看看，夫子还像棵老树那样一动不动地站在那里挥手……走出老房子，满大街的耀眼阳光和行人。

他不是"老克勒"

夫子5岁失母，年纪轻轻就一个人在社会底层闯荡，却很少见他愁眉苦脸的样子。他通达乐观本色。在这个某些画家大敛其财的时代，夫子有次一脸得意地悄悄告诉我们，我（存款）六位数了，30万。他就是会这样的自得其乐。

2015 年 3 月 14 日，毛时安所摄贺友直照片。这也许是贺友直生前的最后一张照片

2014 年 9 月，我去拜访他，他说做人就两字"明白"。反反复复和我说"明白"二字。夫子说话，从来精练、精到、精彩，一语中的，明快爽气，毫不拖泥带水。

那天我看他，送了我刚出版的美术评论集《敲门者》，还在上面题了字："献给我心目中真正的艺术大师贺友直先生并师母，恭祝健康长寿。晚辈冒牌学生毛时安"。油画家俞晓夫和我一度打算拜师老夫子，终未行动，故有"冒牌学生"之说。

这年头"大师""巨匠"满天飞，但贺老夫子从不如此自称。人们这么叫他，他也连连摆手，说自己是一个画小人书的"画匠"，是靠一支笔吃饭的"画匠"。

他从不自我标榜。面对巨大的诱惑，面对房产商要"送"他的马路对面的豪宅，他不为所动，依然的白描，依然的连环画。他说自己不是清高，也动过心，只是没本事乱画。他也从不故作高深。比如百乐门的舞女，他就说他不会画，不知道她们的生活和想法。"我是一个不才的人，但也知道一些高下。"能让我心服口服的大师并不是很多，贺老夫子是一个。

他是一个平民艺术家，他不是"老克勒（带着旧社会偏上流人士遗风作派的人）"。他画平头百姓、升斗小民的生活，充满了人间的烟火气。什么油盐酱醋柴，大饼油条脆麻花，什么卖花姑娘南货店小伙计，卖布的、收旧货、拉车的、剃头的，挤在一堆看西洋镜的大人小孩，一个个鲜龙活跳，他自己也浑身是劲。在这方面，他是一个天才，一个奇迹。

他功力深湛，善于观察生活，博闻强记，加上顶尖的灵敏嗅觉、令人惊讶的记忆能力和近乎天生的一贯的来自中国社会底层文化土壤的幽默感，情趣盎然地展现了上海这座城市平民社会的世俗人情，入木三分地表达了普通小人物卑微而温暖的精神诉求。

夫子自谓，自己画画的六字要诀为"记得牢，搭得拢"。记得牢，他对生活细节有一种过目不忘、像他每日必"咪老酒"一样的沉醉迷恋；搭得拢，能把细节组合成一个充满感性的艺术整体。就这样，他为生活在这个天翻地覆大时代的平凡的上海人乃至普通的中国人，树起了一座永不磨灭的精神塑像。

读夫子晚年画的《小街世相》《申江风情录》《老上海 360 行》《贺友直自说自画》，能让所有在上海生活的人的心，在不知不觉中为之发软，回到那些已经泛黄而永远回不来的岁月中去。现在有人很推崇贵族，我一直有点不以为然：做平民丢脸吗，有什么不好呢？

巴尔扎克笔下那些巴黎的没落贵族有什么好呢？日落日出，春花秋月。50 年身居自称"一室四厅"的 30 平方米的一间老房子，早晚咪两杯绍兴老酒，杯中的乾坤照样很大的。他说，热酒伤肺，冷酒伤肝，勿喝伤心。有时想超标多喝一杯，还有老妻管着。

先生和他的"贺家样"

线条，是中国绘画区别于西方绘画最本质的东西。线描是中国传统绘画最基本也是最有独特表现力的造型手段。在几千年的中国绘画长河里，波澜壮阔，高峰迭起。顾恺之、吴道子、李公麟、陈老莲、任伯年……而且被提炼成法度森严的程式，如《绘事指蒙》总结概括的"十八描"。

吴带当风，曹衣出水，形容的就是白描线条的魅力。多么富于诗意和想象力！但白描毕竟是来自中国传统小农社会的艺术语言，和当代生活有点绝缘。它需要有人终生地侍奉它，把它转换为有活的生命力的艺术语言。贺老夫子的贡献在于，他在巴掌大的空间里居然用白描那么精细那么精彩地传达了当代生活的气息和神韵。

我年轻时读过周立波的长篇小说《山乡巨变》，甚为文学的白描所感染。没想到，夫子以绘画的白描手段，以396幅连环画面的鸿篇巨制，水乳交融地再现了湖南资江边的山川、村舍、人物，将其中骨子里的东西精美绝伦而毫不做作地呈现在了我们面前。

夫子的线描灵感来自陈老莲，但他一改先贤线条的古拙，而出之以平易亲和，以至于其后很多年轻的艺术家将它奉为绘画的"圣经"、入门的新《芥子园画谱》、自己进入艺术殿堂的必备"宝典"。很多画家都有过青年时代刻苦临摹《山乡巨变》的艺术经历。夫子的重要贡献是自觉而有意识地将现代光影的概念，通过线条的疏密节奏呈现出来，从而使二维的线描具有了三维的感觉。

夫子的连环画作品的感染力还来自他艺术的高度生动，就像他脸上表情一样，变化多端，生动得丰富异常。兹具一例，《白光》里陈士争

贺友直自述连环画《我来自民间》

落寞张皇的表情自不待说。就说一群放学的孩子，一共七个，争先恐后地奔出课堂，脸上那种欢欣雀跃的表情和动作各异的身姿，禁不住让每个读者回想到童年下课铃声响起的那一刻。

他笔下的李双双、喜旺、亭面糊……几乎个个都是"表情帝"。

晋人顾恺之有云，传神写照，正在阿堵之中。夫子画人重眼神的千变万化，往往轻轻一点，就能将人物此时此地的内心活动揭示出来。《贺友直说画》有专门的白描眼睛变化的示例，极为细致。他从来不是按部就班把画面变成连环画脚本的图解。他会"做戏"，做点极其用心的小加法。李双双、喜旺夫妻吵架，他画了农家小院的一群鸡和麻雀。它们像人一样，观望、惊恐、逃遁，一脸的表情，正是鸡飞狗跳。不是主角却参与了故事的推进，平添了画面的生动。

有人或许会不以为然。其实，"生动"是中国绘画的美学核心。谢赫的绘画六法，第一条就是"气韵生动"。夫子一画再画赵树理的《小二黑结婚》，就是特别喜欢世俗故事的生动性。三仙姑尴尬转身，既被众人羞得脸红用手巾遮着，又忍不住两眼从手巾上方偷看大家的一瞬间，真是充满了令人愉悦的戏剧性、生动性。

你看《朝阳沟》四个小女孩偷听小院屋里两老太争吵，俱是背影，但踮脚的、引颈的、直的、歪的，仍然明明白白地看到她们的性格、年龄。真是生动到了家。

在同时代前后的一批优秀的连环画家中，最后贺友直先生能让人心服口服地脱颖而出，绝对是有他的道理的。他创造了一种堪称"贺家样"的艺术样式，成就了一番属于他也属于时代的艺术成就。他和他的艺术，是单纯到极点又丰富到极点，平淡到极点又高贵到极点。我可以斗胆而有把握地说，贺先生的成就前无古人，后无来者。古人没有用白描表现当代生活的可能，而他赖以成就自己的那方土地、气候，则也已经永远不会再有了。历史是不可复制的，他告别了一个时代，也基本结束了一个时代。

多少年来，我一直想为夫子写一篇文章，生恐写不好，对不起他，亵渎、轻慢了他的艺术。如今，我终于把发自肺腑的赞美说了出来，可惜他听不见了。

夫子这些年常说，人活着，老得要慢，走得要快。他走得真是快啊！快得让人难以接受。现在回想起来，那天自己所有的宽慰是多么的苍白。夫子其实是以极大的毅力在抵抗着病痛，他已经知道了一切，他决意向来路走去，他已经视死如归，他几乎头都没回，一步就跨过了死亡的门槛。面对人人都恐惧的死亡，他实在是个"平民英雄"。他以自己生命悲壮决绝的谢幕，诠释了对自己的许诺。

那天在飞机上，我涂涂改改写了副挽联。谨以此献给我敬重的忘年交贺老夫子：

　　　　一代宗师走街串巷下笔如有神白描人间百态
　　　　两杯老酒安贫乐道开怀即无忧笑看世事万象

首部水墨动画片《小蝌蚪找妈妈》面世记

———

李保传

"神仙会"上的好点子

20世纪50年代，上海美术电影制片厂（以下简称"美影厂"）的动画艺术家们在创作过程中，经常开展艺术讨论活动。在讨论的过程中，大家无拘无束，像神仙一样边喝茶边聊，怎么想就怎么谈，气氛非常宽松及热烈，故此被称作"神仙会"。

1959年秋天的一个下午，"神仙会"上大家竞相讨论着一个话题，那就是能不能把中国传统水墨画的艺术形式搬上动画银幕。

"有这个想法的（人）不是个别的，我也是其中之一。我觉得让水墨动起来，那是非常妙的，是国外所没有的。"时任厂长兼神仙会的主持人特伟在回忆那次的讨论时说。前美影厂总工程师、国家一级摄影师段孝萱则回忆说："最初有这个想法是因为当时有人去国外访问，看到了美国把油画搬上银幕，国外各种美术风格形式都可以用动画来表现。

段孝萱

我刚好在业余时间学国画，就异想天开地向特伟提出，能否搞出水墨风格的动画片？阿达（徐景达，动画编导，美术师）和我的这个想法不谋而合，于是我们就联手把水墨动画的试验作为技术革新的项目，正式报给了厂里。"

　　然而，将水墨画搬上银幕，在当时确实遭到不少人质疑，认为这是一个不可能实现的梦想。毕竟，传统动画技术以单线平涂为主，然后按照电影胶片 24 格逐格拍摄，在造型和设色方面比较容易把握；而传统水墨画是画在专用的宣纸上的，其特点是不靠轮廓线条来造型，墨色浓淡虚实，变化万千，意境深远。要使其"动"起来又不失其墨韵，必须突破原有的绘画工艺，其困难可想而知。对此，段孝萱说："虽然要表现出水墨的渲染效果确实很困难，但我们是初生牛犊，没有畏惧。

陈毅的鼓励与关怀

　　几个月后，在全国大搞技术革新的背景下，水墨动画的创作话题再

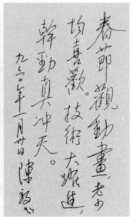

陈毅（右四）观看"美术电影展览会"（1960 年春节）

次被点燃。"当时要求各个单位从各个方面都要提出一个革新项目出来，我们美术片提哪个项目？搞什么呢？大家出谋划策，提了很多关于技术革新方面的项目，但是其中最诱人的就是把水墨画搞成动画片。"特伟如是说。

1960 年 1 月 20 日，由中国电影工作者联谊会、中国美协、美影厂联合举办的"美术电影展览会"在北京举行，概括介绍了新中国美术电影事业在党的领导下所取得的巨大发展和成就。展览期间受到了群众的极大欢迎，同时还受到中央首长们的关怀与重视。

1960 年 1 月 30 日，农历正月初三，陈毅副总理在得到夏衍的汇报后，专程与夫人张茜一起带着孩子前来观看。春节本是一个家人欢聚的节日，陈毅的到来令展览会的工作同志们感到莫大的光荣。时任美影厂副厂长的卢怡浩带领工作人员向他汇报了我国美术电影事业的发展概况。参观完毕，陈毅代表党中央、国务院向美术工作者表示祝贺，并激情题诗一首：

春节观动画，老少均喜欢。

技术大跃进，干劲真冲天。

当得知厂内青年创作人员正在试验将齐白石的国画搬上银幕时，陈毅高兴地说："只要你们提出需要，我动员全国力量帮助你们。"

从一只青蛙开始的水墨动画

"美术电影展览会"在北京受到陈毅同志鼓励的消息在第一时间传到美影厂，全厂上下倍受鼓舞。1960 年 3 月，厂里正式成立了水墨动画三人试验小组，徐景达负责人物背景设计、吕晋负责绘制动画，段孝萱负责拍摄和洗印技术。4 月初，在一条黑白底片上直接得到的正象水墨动画效果，齐白石笔下的青蛙在银幕上动了起来。

"水墨动画最初是在一条胶片上，是从'一只青蛙跳水的动作'开始的。这个时期主要是我跟徐景达一起搞的。"段孝萱回忆说，"我记得我们搞出来以后，是我洗的这条胶片。洗好了就马上烘干拿到放映室去放。"段孝萱在暗房里冲洗胶片，特伟、卢怡浩和参加试验的同事们则坐在外面等候。大家翘首以盼，屏住呼吸，待到屏幕上的那只青蛙真的"动"了起来，全都按捺不住内心的喜悦，兴奋地欢呼跳跃起来。"行啊，还是有点味道的，可以再试下去。"特伟鼓励大家说。

随后，美影厂领导组织全厂动画片力量进行比较大的规模试验，厂长特伟、副厂长卢怡浩和总技

《青蛙》片段的胶片

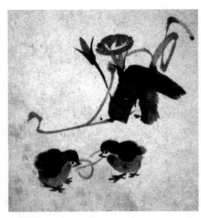

《水墨动画片段》剧照

师万超尘、钱家骏参加指导，动画组由唐澄负责下设四个片段小组，把试验扩展到国画中的其他小动物的角色上来。其中，鱼虾绘制组有邬强、戴铁郎；青蛙绘制组有徐景达、吕晋；鸡绘制组由唐澄、浦家祥；马绘制组有矫野松、严定宪；摄影有段孝萱、游涌和王世荣。在拍摄的那段日子里，作为组长的特伟几乎每天都泡在试验室里，和大家一起讨论每一个环节。他告诉年轻人：要使齐白石的画动起来，先要研究齐白石的画。并且，要让这些青蛙、虾、螃蟹、雏鸡等小动物活动起来，又不失齐白石的笔墨技巧，保持水墨画的墨韵特色，才是影片的关键之处。

同年 5 月底，一部可放映十分钟的《水墨动画片段》制作完成，包括《鱼虾》《青蛙》《小鸡》三个片段，从此宣告了具有中国民族风格的水墨动画在技术上试验成功。

1960 年 6 月 1 日，美影厂隆重举办了一次美术电影展览周活动，特别推荐了这部《水墨动画片段》。

水墨动画《小蝌蚪找妈妈》中的金鱼剧照

筹拍《小蝌蚪找妈妈》

《水墨动画片段》完成后，美影厂考虑制作成片。摄制组找到一本1959 年中国少年儿童出版社出版的优秀低幼读物《小蝌蚪找妈妈》（原著方惠珍、盛璐德），特伟非常喜欢这个故事，认为它简单吸引人；另外，故事中的很多形象都是水墨画中常见的，并在此前的《水墨动画片段》中试验成功，因此认为它很适合拍成水墨动画片。于是，摄制组根据拍摄要求，对原著进行了必要的改编后正式开拍。特伟担任艺术指导，钱家骏担任技术指导。影片中的许多形象取自齐白石的作品，比如小蝌蚪即出自《蛙声十里出山泉》（1951 年，齐白石为作家老舍所作）。但也有例外：这部黑白动画片中唯一的彩色形象是被小蝌蚪误认为妈妈的金鱼，而那条尾巴像轻纱般透明摇摆的金鱼的镜头设计则出自著名动画导演、动画设计戴铁郎之手。特伟回忆，当年在创作《小蝌蚪找妈妈》时，其他的动物形象比较常见，但齐白石是不怎么画金鱼的，这样的话，金鱼就要动画设计人员自己设计，还不能脱离齐白石的风格。有趣的是，片子制成后送到捷克斯洛伐克参展，展后拷贝寄回国内，金鱼的片段却消失了。经查，由于制作精良，这一片段被主办方剪下来留存了。

负责小蝌蚪这一形象动画设计的是林文肖。一群由黑点组成的蝌蚪，虽然没有被赋予表情，但她相信，只要通过细心的观察还是能够理解小蝌蚪的"感情"的。她甚至在家养起了小蝌蚪，出神地观察它们，对于这些小蝌蚪高兴时如何游、疲劳时如何游、受惊时如何游、饥饿时看到食物如何游，甚至把它暂时捞出水面，过会儿再放入水中又如何游，等等，都了解得一清二楚。她塑造的小蝌蚪天真活泼、栩栩如生，通过它们游动的队形变化和动作的快慢节奏表达出一股细腻的情感，确切并富有创造性地把导演的创作意图体现了出来。

水墨动画片的制作过程不同于单线平涂的动画片，整个制作过程既烦琐又耗时间。原画师和动画人员在影片的整个绘制过程中，始终用铅笔在动画纸上作业。一切工作如同画一般的动画片一样，原画师设计主要动作，动画人员要精细地画好中间画，不能有半点差错。画在动画纸上的每一张人物或者动物，到了着色部分都必须分层上色，分别涂在好几张透明的赛璐璐片上。

水墨动画片的奥秘都集中在摄影部门。经过反复试验，段孝萱总结了"大虚、中虚、小虚"标准，按此标准绘画、拍摄出的画面能更逼真地呈现出水墨画的质感。比如画蝌蚪，黑蝌蚪就用小虚，灰蝌蚪就中虚，尾巴都用大虚，再运用多次曝光的方法拍摄。也就是说，我们在荧幕上所看到的最后还是靠动画摄影师"画"出来的。工序如此繁复，仅用在一部水墨动画片的拍摄时间就相当于四五部同样长度的普通动画片的时间总和，还要加上描线工、着色工等不同的分工合作。就这样，拍

水墨动画《小蝌蚪找妈妈》剧照

摄成员们以厂为家，夜以继日地经历着无数次的失败、再尝试、再失败、再尝试的过程，直至最终取得成功。1960 年 7 月 5 日，中国第一部水墨动画摄制完成。

影片的成功摄制引起了很大的震动。这是动画片历史上的一个创举，同时也宣告了一个全新的片种在中国美术电影的大家庭中面世。该项动画制作工艺被列为国家保密技术，并获得文化部科技成果一等奖、中国国家科技发明二等奖，在国际动画影坛更是屡次获奖。

漫画家华君武说："看了水墨动画，教人拍案叫绝，无案可拍，只好大鼓其掌。"

法国《世界报》评论这部影片时赞扬说："中国水墨画，画的景色柔和，笔调细致，以及表示忧虑、犹豫和快乐的动作，使这部影片产生了魅力和诗意。"

1962 年，著名文学家茅盾观看了这部影片，写下了这样一首赞美诗：

> 白石世所珍，俊逸复清新。
>
> 荣宝擅复制，往往可乱真。
>
> 何期影坛彦，创造惊鬼神。
>
> 名画真能动，潜翔栩如生。
>
> 柳叶乱飘雨，芙蕖发幽香。
>
> 蝌蚪找妈妈，奔走询问忙。
>
> 只缘执一体，再三认错娘。
>
> 莫笑蝌蚪傻，人亦有如此。
>
> 认识不全面，好心办坏事。
>
> 莫笑故事诞，此中有哲理。
>
> 画意与诗情，三美此全具。

至今，我们在创想具有中国民族风格动画的同时，仍然对这部《小蝌蚪找妈妈》津津乐道并充满了自豪。这部作品凝聚着许多人的智慧和心血，这些令人敬仰的艺术家，他们的名字将与这部动画片一起被载入史册。

王炳照：不该被遗忘的雕塑家

刘传功

　　新华通讯社记者周定舫于 20 世纪 50 年代采写《人民英雄永垂不朽——瞻仰首都人民英雄纪念碑记》一文，至今已 50 多年了。这篇文章屡屡被收进初中语文课本。1980 年 12 月 20 日，上海《语文学习》编辑部根据初中学生及一些中学语文教师的要求，曾专门查询这篇课文中关于人民英雄纪念碑碑座大型浮雕的作者。他们给人民出版社去信："贵社 1959 年出版的《首都人民英雄纪念碑雕塑集》一书中，在提到八幅大型浮雕的作者时，有七幅均介绍了作者姓名，唯独从碑身东面起第二幅《金田起义》未署作者姓名，请帮助查询。"得到的答复是"可查的，仅七幅有作者姓名。《金田起义》作者，无人知晓"。

　　现在，可以告诉大家，浮雕《金田起义》的作者，就是王炳照。

乡间僻壤出骄子　"凤凰"展翅欲腾飞

　　王炳照，字景秋，新中国成立后常常署名王丙召（取"响应祖国召唤"之意）。1913 年 4 月 21 日出生于今山东省青州市一户农民家庭，自幼酷爱美术。1935 年，他以优异成绩考入苏州美术专科学校学习绘画。翌年秋，受当时政治气候的影响，在学校军事教官秦重民的介绍下，参加了反动组织复兴社。后来，因抗日战争爆发而与复兴社断绝关系，停止了活动。在不重视文化艺术全面发展的那段时间，雕塑艺术曾被人们视为"雕虫小技"，少有人做。王炳照不是这样想，他看到各地保留下来的无数中国古代石窟中的杰作，面对当时雕塑界"今不如昔"的现状，深感愧对古人，于是默默发誓：终生献身雕塑艺术，定为后人争气。

千里跋涉拜名师 技艺精湛震京华

1938 年 8 月，王炳照前往四川璧山，考入国民党艺术专科学校雕塑系，专攻雕塑。三年学习期满，进行毕业考试时，他因成绩突出，留校任教。1944 年 8 月，他到著名雕塑家刘开渠门下，在刘开渠工作室当助手。他趁此良机，边学习，边实践，边创作，在雕塑艺术上有了飞跃。这段时间，他协助刘开渠大师创作了几尊成功的塑像。其中《孙中山先生》铜像，至今矗立在成都市街头，并被列入市级重点保护文物。1945 年，他在赴四川峨眉山参观考察时，结识了郭沫若。由于两人情投意合，王炳照为郭老雕了一尊塑像。这尊塑像深得郭老家人偏爱，一直小心翼翼地保留在身边。事隔 40 年后，郭老的女儿在看望王炳照时，专门送了一张出自他本人之手的郭老塑像照片。此外，王炳照还为李宗仁、冯玉祥等名人做过塑像。

著名画家徐悲鸿，十分赏识王炳照的出众才华。新中国成立后，徐先生在筹建中央美术学院招揽教员时，马上考虑到王炳照。从此，王炳照成了中央美术学院雕塑系的"少壮派"教师。刚满 40 岁的他，首批被晋升为教授。1951 年，第一届全国英雄模范代表大会在北京召开，中央美术学院派出了以徐悲鸿院长为首的 10 位画家、雕塑家列席大会，王炳照就是其中之一。英雄模范的动人事迹深深感染着王炳照，他怀着对英雄的崇敬，为参加蒙山阻击战的神枪手魏来国塑了一尊座像，为战斗英雄苟福荣塑了一尊半身像。这两件作品分别在第二届全国美展和第一届全军美展中与观众见面。那准确严谨的造型功力和刻画人物形态的泥塑技巧，赢得了专家与参观者的一致好评。

从 1952 年 12 月开始，中共中央先后作出了开展"三反""五反"运动的决定。为配合运动的开展，王炳照带领学生创作了一大批彩雕，陈列在北京王府井新华书店沿街大橱窗内。王炳照亲自动手塑了一个被群众抓出来的奸商。画面上奸商阴沉着脸，着灰色长袍，两眼暗淡无光，浑身"奸气"暴露无遗，收到良好的宣传效果。直到如今，王炳照的学生仍对他们的恩师佩服得五体投地。

多年夙愿终实现　一片丹心颂英雄

中华人民共和国成立后，中共中央和中央人民政府接受全国政协的建议，决定在天安门广场建立人民英雄纪念碑。这项工程不仅在政治、文化方面有其特殊意义，而且在工程设计和建造方面也有独特的要求。兴建委员会主任委员由北京市长彭真担任，副主任委员由建筑专家梁思成、雕塑大师刘开渠及市政府秘书长薛子正担任。王炳照是入选创作纪念碑碑座大型汉白玉浮雕的八位作者之一，分工第二幅浮雕《金田起义》。

能够承担一项全国亿万人民和国际上都瞩目的巨型雕像的创作重任，是一位雕塑家梦寐以求的事。多年的夙愿终于实现，王炳照心中激动不已。就他个人来说，这算得上是一生最珍贵、最难忘、最辉煌的时期。接受任务后，他满怀豪情壮志，亲往广西桂平县金田一带山区，进行徒步实地考察，收集革命史料。在近一个月的日日夜夜里，他对每桩革命事迹的特征、细节和当时太平军战士的服装、枪械、用具，都经过认真的、一丝不苟的研究和探索。他还在金田一带的几个村庄连续召开座谈会，访问知情老人，以提高对这一重大历史事件意义的认识。金田之行归来后，王炳照又精心构思、设计、反复拟订蓝图，制作出一幅幅泥塑初稿。在广泛征求有关领导、专家学者和群众代表意见的基础上，终于确定下动工方案。当工程进入中、后期时，参与人民英雄纪念碑建设的艺术家们将工作室设在天安门广场一角搭起的席棚内。王炳照整天身系围裙，双手沾满泥浆，忙得不亦乐乎。使他难以忘怀的是，当时的北京市彭真市长在百忙中来到工棚内，握着王炳照满是泥水的手，给予殷切期望和热情的鼓励。王炳照没有辜负领导的厚望，冬天一身雪花，夏天满脸汗水，经常废寝忘食，始终充满着自豪感。他仿佛听到毛泽东主席从天安门城楼上发出的"中国人民从此站起来了"的不朽宣言……历经五六个寒暑，圆满完成了中国近代史上最壮阔的农民起义革命场景的大型浮雕。瞧瞧这融庄严与奔放为一体的画面吧：在猎猎旌旗指引下，由 19 名挣扎在贫瘠土地上的苦难农民和煎熬于死亡线上的烧炭工人组成的太平军队伍，胸怀反帝、反封建的目标，冲锋陷阵，紧紧地凝聚在了一起。他们好似烈火中的雄鹰，大泽中的神龙，腾空而起，挟带着漫天风雪，杀出广西，攻入湖南，挺进湖北，一路上同清军英勇战斗，扫荡压迫人民的官僚和地主，得到了人民的热烈拥护，越来越多的人加入他们的队伍。

然而，一个凭着真诚和勤奋，倾注一片爱心，专心投入浮雕创作的王炳照，却在纪念碑工程即将竣工时刻，突然被打成"右派分子"，转眼间变成"人民的敌人"。从此以后，王炳照在雕塑艺坛上销声匿迹。

是是非非有定论　只留清白在人间

1961 年，王炳照被赶出中央美术学院，调往关外的吉林艺术学院。不久，吉林艺术学院对王炳照所犯"错误"进行复查、甄别，作出"从轻处理"决定，摘掉"右派分子"帽子，允许回到雕塑教学岗位上。念他业务能力较强，又让他担任了学院雕塑教研组组长。吉林艺术学院的雕塑专业起步晚，条件差。面对一群求知若渴的莘莘学子，王炳照十分理解他们的心情。他向学院领导坚定表示："什么苦我也能吃，什么困难我都不怕，我王炳照要重整旗鼓……"他立说立行，恨不得把自己多年积累的雕塑技法和创作经验，一点儿不漏地传授给每一个学生，让他们尽快成才。除了课堂教学外，王炳照还做了不少社会工作。他到延边林区体验生活，搜集创作素材。他到浑江石人煤矿，为矿上义务创作雕塑作品。他还创作了《林业工人》《朝鲜妇女》等雕塑作品，成为吉林艺术学院在雕塑教学中十分难得的范本。

谁也未曾料到，1964 年以后，厄运再次降到他头上。频繁的"阶级斗争"使王炳照陷入了困境。特别是在"文化大革命"中，他被戴上"反革命分子"帽子，一次次被逼迫"请罪"，接受"造反派"无休止的"大批判"，甚至锒铛入狱。1969 年秋，他被停发工资，押回山东省青州市老家"反省"。当时，后妻离婚，爱子被车祸夺去生命，无情打击接踵而来，他患上了震颤性麻痹症等多种疾病，其凄苦之状，催人泪下。幸亏张高村的父老乡亲们不畏政治风浪，纷纷伸出援助之手。更幸亏前妻的贤良忠厚，不念旧怨，才使得他在那"浩劫"的日月里，渡过了一道道难关。

粉碎"四人帮"后，王炳照高兴万分，他首先想到了雕塑艺术的兴旺发达，想到了祖国的文化繁荣。他挥动颤抖的手，写信致中央美术学院负责人，要求领导抓紧寻找他被"造反派"抄家时失落的、由他本人年轻时亲手制作的海内孤本《帝后礼佛图》浮雕拓片，并声明无偿捐献给国家。他说，该浮雕原件是洛阳龙门石窟中最著名的大型浮雕珍品，已被美国人盗走，至今留下一片空白。他的来信立即引起领导的高度重视。中央美术学院马上组织专门人员，通过"顺藤摸瓜"式的细查，终于觅到了《帝后礼佛图》的下落。王炳照得知后，长长地松了一口气。

王炳照，这位跻身于国内著名雕塑家行列的人，无缘无故被剥夺署名权几十年，使他的名字被人们置于脑后，渐渐遗忘，真乃千古奇冤。1978 年底，中央美术学院党组织根据中共中央有关决定精神，撤销了压在王炳照头上的一切不实之词，为他恢复名誉，并派人接他回北京治病疗养。在落实政策时，政府对他多年来蒙受的经济损失进行补偿，他毅然谢绝接受，一分不少地献给国家，表现了一位老艺术家在个人处境极度艰辛时，难能可贵的思想境界。

1986 年 10 月，王炳照因病医治无效，在北京逝世。

大美无言

——记石雕艺术家王鲁桓

鹿耀世

　　王鲁桓是个奇人。虽然从外表看，个头不高身体瘦弱，和你交谈时，神态平淡甚至略显木讷；但你在深入了解他的经历之后，就会觉得，鲁桓是个毅力坚韧潜质非凡的人，他的令世人惊叹的石雕杰作，已经达到与不少名闻遐迩的艺术大师比肩的水平。

　　1948 年，王鲁桓生于河北承德，不久随父母迁居北京。年幼时，他十分喜爱小鸟、昆虫，喜爱大自然，也喜欢信笔涂鸦。6 岁时他曾在景山少年宫学画，12 岁那年，在大学任教的父亲被打成"右派"，他又随父母到辽宁建平农村劳动改造。在三年困难时期，吃糠咽菜苦不堪言。母亲患病去世后，鲁桓只身到北京投靠姐姐。在无所事事的日子里，他常常带上纸笔到动物园写生。那凶猛的虎、笨拙的熊、顽皮的猴子、绚丽的孔雀……给他不幸的童年增添了不少欢乐。至今，他回忆起那段日子还常说："和动物沟通易，与人交往难。"

　　1965 年，鲁桓有幸考入中央美院附中。第二年，"文化大革命"的浩劫开始了。远在千里之外的祖母，死于红卫兵的棍棒之下。不久，父亲又经不住苦役的折磨，撒手人寰。这突如其来的沉重打击，使本来内向的鲁桓更加沉默了。自己是"黑五类"，与终日里打打杀杀的造反派们无法类聚，顺其自然地成了闭门读书、苦练速写素描和国画的逍遥派。在这期间，他还拜在肖劳先生门下，学习作诗填词，长年没有中断。日子再苦再难，他没有丢弃笔墨、虚掷年华。

1973 年，鬼使神差，鲁桓被分配到故宫书画组工作。开始时，干些绘制图表、抄录说明、临摹修复古画的业务，业余时间，鲁桓作诗、画画、治印，并搜罗石材创作石雕。以往，擅长治印的人，常在印纽上搞些龙凤等生肖造型，但鲁桓并不喜欢这些千篇一律程式化的装饰，决心独辟蹊径地搞些与众不同的东西。他渐渐发觉，不少青蛙、蜗牛、壁虎等小动物和甲壳类昆虫，可能是为了便于在大自然中藏匿，身躯的颜色、质感和不少石头近似。于是，在野外寻觅、到地摊淘换、进市场购买，他成了地地道道的石痴，也越来越迷上了俏色石雕。

几年以后，爱才的院长许里发现了鲁桓在诗书画印方面的才气和矢志不渝的勤奋，恩准他不必每天坐班。曾说："古代孟尝君有食客三千，今故宫如此之大，岂不能养鲁桓一人？"

在单位分给他的位于乾隆花园培后的平房小院中，鲁桓豢养了老鹰、乌龟、青蛙、各类昆虫等不少生灵，还有五步蛇、竹叶青、眼镜蛇、腹蛇、响尾蛇等毒蛇。在住室的门楣上，他用带有树皮的板材，制作了一块"五毒室"的匾额。为了熟悉这些小生命的神态，鲁桓常常一边喂食，一边屏心静气地看上半天。鲁桓说："搞动物的绘画或石雕，都要具备一个'情'字，这不是一般只感兴趣的'情'，而是对大自然有特殊敏感和深挚热爱的'情'，爱得越深，搞创作时表现得也越深。"

虽然生活清苦，新婚时仍是"北风今夜至，四壁若冰霜，烤石驱寒气，调泥补裂墙"。鲁桓却"欢也依然，贫也依然，鸟在巢眠，蛇在笼盘"。新婚不久，妻子安路不敢接近蛇，可是鲁桓外出办展，她又必须喂养它们，时间一长，不仅胆子大了，还真的培养出了感情。她说："这种心态很难用语言说得清。"身为画家的安路，谈到与王鲁桓的婚姻，显出东方女性特有的平和、贤淑。对鲁桓有时流露出的某些孤傲、偏执，她很能善解人意地包容，是丈夫艺术创作上的得力助手。

在这个得天独厚的精神家园，王鲁桓浸淫于博大精深的传统文化艺术氛围之中，随时可以欣赏、临摹历代杰作，而且可以躲进小院成一统，心无旁骛地专心创作自己钟情的艺术精灵。

鲁桓在创作的大量对联书法和五言、七言绝句中，显示了深湛的文学修养、独特的观察能力和冷峻诙谐的艺术个性。如"几弯剩水如蜗篆，一线遥山比草低"，"半天幕雨斜牵柳，一夜西风乱剪荷"。在他那构图极简、笔墨朴拙的文人画中，题诗也颇有韵味："生来比人好，个个一间房。"（蜗牛）"自有千年寿，何妨尽日闲？"（乌龟）"只能车碾我，哪有我挡车？"（螳螂）鲁桓的诗，有不少抒写了对动物的深爱。如"养禽不忍锁雕笼，伴我低回斗室中，练得神姿留画本，不妨撒手各西东"。因爱此禽，所以不忍囚禁，一旦将其神姿"定格"在画面上，就会放生，让它回归大自然。

诗言志。他有不少作品，凝练而生动地表达了自己的人生观："只为销魂亲笔砚，不因适俗卖丹青。""何必诗材远处搜？盎里虫啾，瓶里鱼游，相亲与我似朋俦。名也无求，利也无求。""安排在天意，万物适其间。人浊聚尘市，蛇清隐乱山。"鲁桓以蛇喻己，远离尘世，抒发了不趋炎附势，坚守高洁品格的精神。

在王鲁桓的系列艺术作品中，最可谓炉火纯青、最让世人惊叹的当属俏色石雕了。

说起俏色石雕，我国历代均有技艺精湛的杰作，但是若严格遵循形神兼备、超凡脱俗的审美标准来衡量，也确有一些存在着陈陈相因的程式化痕迹。而鲁桓的以两栖动物和甲壳类昆虫为素材的石雕，完全打破了工艺品杰作的藩篱，无论题材、技艺、整体造型，都达到了前无古人、中外鲜见的才华。

俏色石雕在创作之前，先要选石，在行内也叫"赌石"，即从表皮或剖面的色泽、纹理走势，力求准确地揣测出适合创作什么作品并在如何施艺中巧用其色。鲁桓用高价买来的不少石料，往往因第一道关卡的繁难，一放就是几年。

第一道工序有了定夺，开始是粗坯拉荒，然后是显露雏形，再就是巧施绝技、精雕细刻了。关键是造型的创意以及一刀一凿的技法的微妙处理，就看出作为艺术家的鲁桓和仅有技艺的匠师的分野了。

鲁桓心目中和雕刀下的蛙、鳖、蛇、蝎等小动物，躯体和衬石颜色的截然不同，头尾、四肢色泽变化的和谐自然，常常让人不可思议。"这是一整块石头吗？""难道上面没有染色吗？"每次展出，都会有人小心地发问，当然，这些询问确是多余的。这些不时出现在梦幻里，天天铭刻在心目中的鲁桓的爱物，其千姿百态早已烂熟于胸，真可谓"胸有成虫"，怎能不纤毫毕现、栩栩如生！

在鲁桓用过的石材中，有内蒙古的巴林石、浙江的鸡血石、安徽的灵璧石、广西的彩陶石等多种。无论晶莹的、斑驳的、温润的、粗粝的，他都能让虫的神与石的魂水乳交融。在不少石雕的侧面，鲁桓都意犹未尽地落款题诗。在一件他钟爱的"百步蛇"作品上，他竟镌刻有自撰的千字文"爱蛇说"。文中描述如下：

从外形看，它只有一条线，而能伸能屈，姿态百出；盘如花石，行同流水，无鳍而善游，无足而善攀，故诗可咏、画可描、石可雕……

　　故宫的十余年艺术生涯，让世人逐渐认识了这位不可多得的怪才艺术家。鲁桓的那些含辛茹苦创作的诗词、绘画、印章，尤其是令人称绝的俏色石雕，李可染先生认为是"空前的独创"，王朝闻先生撰文说"是神奇的艺术"。黄永王在美术馆观看其作品后题字"不二"，称赞他的作品"卓然不群"。美术教育家、美院附中校长丁井文十分器重王鲁桓，他说："鲁桓诗作寓意深刻，所画人物、花鸟等格调高雅、题材广泛；书法则上猎篆籀、下逮行草，自成一家。他的石雕所撰的诗词，绝不拾人牙慧。"

　　1989 年，王鲁桓、安路夫妇应洛杉矶自然历史博物馆邀请，赴美展出石雕及画作，引起轰动。以后，鲁桓又接触了不少美洲当地的两栖类小宠物，陆续完成了中美毒蛇南非避役海涯眉蟹等石雕新作，陆续在旧金山、丹佛、加州以至全美众多博物馆巡回展览。使西方的朋友们改变了中国雕塑家不精于表现小动物的旧观念，让鲁桓的"中国超现实主义的现代雕塑"在大洋彼岸大放异彩。

　　1993 年，北京故宫博物院举行隆重仪式，收藏了王鲁桓的树蛙、蜗牛、瓢虫、烙铁头蛇四件珍品。这也是北京故宫破天荒的第一次——收藏在世石雕艺术家的作品。1996 年 10 月，台北故宫博物院院长秦孝仪赴美主持"中华瑰宝展"，在一个艺术界聚会中，他见到了王鲁桓的石雕作品，十分惊喜，当场表示希望赴台展出。次年 4 月，王鲁桓的石雕与台湾另两位艺术家作品同时在台北故宫展览，受到艺术界人士和广大群众欢迎，展期延至 12 月才告结束。2000 年 4 月，王鲁桓的石雕及书画作品共九件，正式入藏于台北故宫博物院。每当鲁桓作品受到国外观众和媒体的盛赞时，他都会说："花在他乡艳，根从故土培。"

北京"泥人张"今昔

吴国洋

清末民初，北京有三朵为人传诵的民间艺术之花，这便是"葡萄常""面人郎"和"泥人张"。所谓"泥人张"，严格地说称其"泥陶张"更确切些，因为张家世代所从事的是介于陶瓷和泥塑之间的一种制陶工艺，或称泥性古玩工艺品。随着时尚的需要，张家代代传人的作品各自有其特色，也各自有其侧重，但由于塑泥人是他们的传统产品，这就无怪乎被老北京人送上一顶"泥人张"的桂冠了。

做蛐蛐罐儿头角初露

清代道光年间，北京的皇室王亲、达官显贵和八旗子弟在酒足饭饱之余，除了提笼架鸟、玩鹰游猎、声色犬马之外，还有一种嗜好，就是斗蛐蛐儿。当时，玩蛐蛐儿有很多讲究，光有能征惯战的蛐蛐儿还不行，还要有造型精美、装饰华贵、做工精细讲究的蛐蛐罐儿及其附件"过垅"和"水盛"等玩意儿。于是，做蛐蛐罐儿的行当便应运而生了。

　　蛐蛐罐儿分为"养罐儿"和"斗罐儿"。养罐儿是饲养蛐蛐儿的容器，斗罐儿则是蛐蛐儿两相厮杀的场所。当时，在北京称得上首屈一指的蛐蛐罐儿出自北京宣武门附近一家张姓之手。他做的蛐蛐罐儿透气性和明暗度均属上乘，颜色灰中透白、白中透亮，手感光滑细腻，如同绸缎一般。更为奇特的是，养在这种罐内的蛐蛐儿，一旦放入斗罐儿内，就欢蹦乱跳振翅奋足，跃跃欲试，可以立即投入战斗。那斗罐儿状若笔筒，有盖，直径约12厘米，高约15厘米，内壁光滑如镜，厮斗的蛐蛐儿甭指望攀缘而上做逃兵，只能你争我斗决一雌雄。那时，谁要是有了张家的蛐蛐罐儿，不但蛐蛐儿可以身价百倍，就连它的主人也可以趾高气扬，增加几分光彩。所以一时之间，张家的蛐蛐罐儿很为京城的纨绔子弟所珍爱和垂青，甚至不惜倾囊一购。

　　那些依靠做蛐蛐罐儿为生的同行看张家发了财，自然要眼红，于是千方百计仿制，结果都以失败而告终。因此，人们都说张家用料有秘方，但究竟这秘方是什么成分？谁也说不清楚。倒是后来张家到处搜寻蚯蚓屎的举动引起人们的注意，这才使真相大白。原来，张家捏蛐蛐罐儿不是用黄土，而是用细筛筛过的蚯蚓排泄物当原料。据说由于经过蚯蚓的消化加工，有了蚯蚓的分泌物杂入，使土质改性，变得特别细腻滑润，且更具可塑性；所以制出的各式各样的泥菩萨、佛像、福禄寿三星以及蛐蛐罐儿、烟袋锅等，经过焙烧都独具特色，非同一般。

　　这位当年颇有名声的老艺人名叫张延庆，满族（由于历史的原因，其后人改为汉族），自幼依靠挑挑打鼓走街串巷，卖自制的小泥人和其他泥塑玩意儿糊口度日。直到后期制作了蛐蛐罐儿，张延庆方显露其技艺，开始崭露头角，为世人所瞩目。就是他，开张家泥塑之先河，成为张家泥塑开山鼻祖，后被老北京人称为第一代"泥人张"。

精美烟具　名噪一时

待这一家传绝技到了第二代传人张寿亭之手，张家泥塑的风格和独特的艺术，已在众多的泥塑工艺品竞争中处于优胜地位。鸦片战争后的清末民初时期，时人的兴趣已从蛐蛐罐儿热转向烟具热，张家也随着时间的推移，不断改变其经营方向。张寿亭及其四个儿子开始制作和钻研陶质的大烟具及其他烟具，并力求在精美上夺魁。张家所制的烟具，造型美观玲珑剔透，纹饰华贵，可谓巧夺天工。他的掐银丝烟具、泥性烟具、白砂烟具、紫砂烟具、水烟壶、鼻烟壶、大烟袋锅等都曾风靡北京城。凡是张家的产品，均盖有张家的艺名"张古陶""燕吉子"的印章为记，谨防冒牌假货。张家制作的烟袋锅、烟壶等技艺精湛，其内外圆的同心度，即使用规矩衡量也不差分毫，且表面光洁如镜可以鉴人。更令人倾倒的是，张家生产的烟具，据说具有特殊的滤毒作用，有所谓"吸后不伤人"之说，故此，吸烟者视之为烟宝，不吸烟者将其作为不可多得的精美艺术品收藏。那些上层人物在品烟之余，又可鉴赏张家的艺术佳作，这在当时被看作一种雅兴。

当年，张寿亭除在北京生产烟具外，还在奉天（今沈阳）带领其次子张桂禄、三子张桂岐、四子张桂森（此三人后留在沈阳，现除张桂森外，余皆谢世）兴办东亚烟具公司，受到军阀张作霖的赏识。张作霖的五姨太寿夫人及其高级僚属等经常向张家点名要货，来往频繁。张作霖本人也特赐张寿亭名片，持此片可以自由出入"大帅府"，无须受盘查。那时，张家生产的烟具除在北京、奉天行销外，还销往天津、长春、哈尔滨、包头等大中城市。加之文艺戏曲界知名人士金少山、言菊朋等人也对张家匠心独具的烟具艺术品十分欣赏，给予过很高的评价，因此两代"泥人张"又有"烟头张"之称，名噪一时，流传于北京、奉天一带。

仿古文物　以假乱真

及至张寿亭之长子第三代传人张桂山（1903—1983）领衔泥陶世家时，已经到了 20 世纪 30 年代初期。张桂山对泥陶世家有着积极的贡献。张桂山在风格艺术方面继承前辈的所长，博采诸家同行之特点，不断改进和完善泥塑的造型，并在长时期的实践生活中摸索出一套独特的工艺。首先是选料精细，只要经他舌头一舔，就能辨出手中的黄土是不是做玩意儿的原料。这是他的一绝。他的另一绝，就是不管哪个朝代的陶瓷制品，只要让他一搭眼，再随手轻轻一敲，定能说个准确无疑。他的作品是用特制的陶泥名为"乾子土"制成的，这种土出产于北京房山县军庄、坨里、大灰厂及八达岭一带，以及京东三河县段家岭附近。此土呈灰白色（其实是一种年久风化的石头末），经碾碎后，再加入几种其他原料合成，其特点是细腻柔韧，泥性力、黏度适中，成型后不易出现裂纹，制成的空心产品焙烧时不变形、收缩率低，表面光滑且硬度高。这是张桂山几十年反复实践研制成的一种制陶原料。它的工艺特点，既不同于陶瓷，也非简单的泥塑，而是一种空心硬陶工艺。张桂山继承和发展了我国自秦汉以来最古老的空心陶制艺术品传统工艺。

张家的产品有三点不同于一般的泥塑：一是原料中不加纸浆、棉花等拉牵物；二是制成坯胎后还要经过一昼夜 800～900℃ 高温的焙烧，然后在窑内焖火两天方可出窑；三是出窑的产品还要经过多种工艺的后处理，形成外观酷似青铜、鎏金、硬木、石雕等制品的工艺效果。由于经过烧制，产品质地坚硬，所以有时也叫陶制品。其造型大可制成一米左右，小可在方寸之内。张桂山十分重视手中产品的造型美，不论是身段、衣服装饰，还是面部的眉眼神态，都给人以细腻清新、朴实逼真之感。他一生的作品，大体可分为下列五个系列：仿古硬木人物造型工艺品，仿雕漆人物造型工艺品，仿古铜器人物艺术品，仿石雕人物艺术品，新旧彩画人物工艺品。此外，他还经常设计和制作佛像、十八罗汉、古装人物、仿古陈器、异兽及当代人像等。他的艺术造诣突出一个"仿"字，他的仿古艺术造型谨严、形态酷似，可以达到以假乱真、真伪难辨的程度。他塑造的人物惟妙惟肖，栩栩如生，神态自若，不禁令人拍案称奇，难怪那些自命为中国通的外国人见了这些工艺品如获至宝，误认是中国的古董，不惜慷慨解囊争相购买。

张桂山于 40 年代曾在宣武门平民东市场（今宣武门饭店旧址）开过一爿叫福兴永的古玩杂货店，经销他本人制作的泥性古玩并兼营杂货。但为时不长，由于几个乞讨者夜间在此生火取暖，招致一场大火，把古玩店及小作坊烧得片瓦无存。

新中国成立后，张桂山的泥塑艺术展现出更广阔的前景。他潜心研究复制和修复出土文物，及古装人物、佛像、装饰等工作。为了博采百家之长，桂山老人一有空便寻访古迹、逛古庙，而且庙愈古愈破他越发感兴趣，在别人看来只不过是几块破砖碎瓦和泥块，而他却纸包纸裹视为无价至宝。他在艺术的海洋中不断陶冶自己，在考古方面博古通今，不断提高自己作品的艺术价值。他的作品主要供应和平门外琉璃厂的古玩商店，如荣宝斋、屏古斋、震寰阁、韵古斋等，同时也销往其他城市。他的"鹤鹿同春"和"八仙人"最享盛名，不但受到国内广大群众的欢迎，而且在国际上也享有很高的声誉，外商客户都争相订货。

十年动乱期间，身怀绝技的张桂山老人和他的泥菩萨们都销声匿迹了，几大箱手抄本资料被付之一炬，"泥人张"一家连同桂山老人的徒弟忍痛丢掉他们热爱的泥塑技艺，改行另谋生路。就在人们念念不忘"泥人张"的作品，海外来客拼命搜寻中国民间"泥人张"的艺术品的时候，张桂山老人却悄悄离开了他的泥人作品溘然长逝了。

古老艺术　再现青春

党的十一届三中全会以后，在北京轴承厂默默无闻地当了 20 年工人的"泥人张"第四代传人张铁成，继承祖传技艺又办起了"泥人张"博古陶艺厂，使濒于失传的古老艺术又焕发了青春，放射出夺目的光辉。

张铁成无愧是"泥人张"第四代传人。他同其师兄李廷军等共同努力，在很短时间内制成了第一批仿秦始皇陵兵马俑，并很快打开了销路，成为国际市场抢手的热门货。他们还陆续仿制了古鼎、古代石雕、古代园林，并在张家祖传泥塑的基础上开发出仿青铜艺术品、仿旧铜艺术品、仿鎏金陶制品、仿出土旧彩陶制品、仿硬木制品、仿出土陶人土锈工艺等 200 余种新产品。此外，还有寿星、菩萨、形态各异的罗汉、战国鼎、明朝的宣德炉、清乾隆年间铜佛、明代鎏金佛、卧佛寺的大卧佛、雍和宫的财神爷等等。

国内多家报刊都先后登载有关文字和照片，并赞誉其为"旅游产品一奇葩""点泥成金泥人张"……

"泥人张"的第四代传人正雄心勃勃准备大展宏图，把祖传技艺发扬光大，为祖国古老的文化宝库再添异彩。

面塑生涯

巩　华

　　大清国宣统元年除夕，阜成门内大喜鹊胡同西口，香家园的一个小院里，镶红旗钮祜禄氏郎家，添了一个男孩。因为明儿就是大年初一，孩子的太太（即祖母）给他起名儿叫双喜。他就是后来的面人儿郎，成年以后改名叫郎绍安。

　　据郎绍安的爷爷说，他们钮祜禄氏人在朝中不少，"佟半朝、狼（郎）一窝"么！钮祜禄氏，为什么又姓郎呢，据考证，"钮祜禄"，满语就是"狼"的意思，取谐音为郎。说起家族史，绍安的祖父总忘不了自豪地说："咱家五辈以上，还出过一个正宫皇后娘娘哪！"不过到了郎绍安出生后的年月，钮祜禄氏和大清朝都已衰落。郎绍安两岁时，辛亥革命爆发，清朝皇帝退位，每个旗人的月银禄米没有了，旗人的日子，一下从养尊处优、衣食不愁的天堂，跌入了饥寒交迫的地狱。做生意，不会；卖力气，嫌丢人。放不架子拉不下脸来，只好穷着、饿着，死要面子活受罪，受不了的，饿死了。郎绍安上面有过六个孩子，连绍安在内，最后剩下哥三个。郎绍安长到六七岁上，就每天跟着他母亲摸黑起大早到广济寺粥场排队等粥，从三四点钟等到 6 点来钟，一人给一勺能照见人影的稀粥。到他 9 岁时，母亲贫病交加，离开了人世。

家里揭不开锅，不能擎着饿死呀！小孩子没那么多顾虑，想法儿赚点钱去吧。郎绍安出了阁的表姐给了他一块钱。他拿五毛钱买了一个竹篮子，一个小盆儿，一个锅盖还有一条手巾，剩下五毛钱，趸来点王致和臭豆腐，沿街叫卖。夏天就卖冰核儿。

郎绍安 10 岁那年，有个在天津办实业的罗四爷，在报上登广告招 10 岁到 14 岁的童工。绍安报了名，去了天津，在"博爱工厂"学石印。那时候当学徒工不但吃苦受累，还常常挨打受气。在那干了一年多后，有一回印新疆图，师傅让他兑黄颜色。他兑完了交给师傅，师傅一看就火了："兑这么浅，怎么使啊？你这个笨蛋！"扬手给了他一个大嘴巴，打得他顺嘴角往下流血。脸打肿了，牙也活动了，晚上饭都没吃。他越想越气，不干了，回北京！翻墙逃出了工厂。

郎绍安出去一年半，两手攥空拳回来了。以后也没有事儿干，整天在街上闲逛。一天，正是白塔寺庙会，郎绍安逛到锦什坊街茶叶铺门口，瞧见一个捏面人儿的，周围站着几个小孩儿看新鲜，他也凑了过去。只见那捏面人儿的揪了三疙瘩面，红的，黑的，黄的，搓巴搓巴，成了三条。再一搓，拧成一条彩色麻花儿，对头一折，一弯，加上红冠子，就成了一只美丽的花公鸡，拿棍儿一戳，得，给两毛钱拿走。嘿，这钱挣得这叫容易，这营生干得这叫好玩儿！郎绍安一下子就被迷住了，双脚就像被钉在那儿了，一直看到捏面人儿的收摊儿。

这位捏面人儿的，就是赵阔明。当时 20 岁刚出头儿。此人的长相不济：一脸大麻子。别看赵阔明长得丑，可心秀、聪明，而且会摔跤、打太极拳，好交朋友，很有人缘儿。尤其是面人儿捏得好。他擅长捏刀马人儿、动物、水虫。他做出的蝎子能吓人一跳，真的似的。

且说郎绍安看入了迷，回家挺晚了。到家父亲问他："干什么去了，这么晚才回来？"他把所见到的及自个儿的想法一说："我想跟他学捏画人儿，挣钱养活您。"他父亲一听，说："这好办，我认识这个捏面人儿的，他叫赵阔明，回头我跟他说说。"

那年头儿，手艺人不愿意收徒，怕教会徒弟饿死师傅。打那天以后，郎绍安就老围着赵阔明的摊子转。瞅他渴了，给他沏碗水；饿了，给他去买吃的；太阳晒着了，帮他挪挪窝儿。把个赵阔明给感动了。后来加上绍安父亲求情，赵阔明就收下了这个徒弟。

赵阔明对绍安什么活儿都支使。学艺，只能靠绍安抽空自己看。没想到郎绍安心灵手巧，三个月过去，就会捏玫瑰花儿、巴儿狗、胖娃娃了。赵阔明不知出于什么心理，他丢下郎绍安，自个儿背起捏面人儿的箱子去了天津，这一去就是七八年。

师傅走了，郎绍安自个儿置了家什、木箱、马扎，开始了他的面塑生涯。他一边捏玫瑰花儿、巴儿狗、胖娃娃、大公鸡卖钱，一边自个儿琢磨。他买来烟卷盒里面的洋画片儿，照着那上面的古装人捏，不像，就到庙里去看佛像。他的手艺，就是这么逼出来的。

光靠捏面人儿卖不出钱来，十五六岁时，他就常去拉洋车挣钱，家里人等他挣来的钱买米下锅呢。

郎绍安熬到 18 岁上，靠着捏面人儿挣不到钱，拉洋车也觉得不是长远之计，就想去当兵。当时占着北京的张作霖正跟吴佩孚联合起来打冯玉祥。绍安的二哥劝他道："听说马上要打南口了，你别去冒这个风险，那枪子儿可没长眼睛。我看你不如去干消防队。"这么着，郎绍安参加了消防二队，有一回消防队仨月没给饷钱，拖到第四个月才发，一共 8 块钱，还扣了三块五饭钱。

在消防队的三年期间，郎绍安一直没扔下捏面人儿的手艺，一直在琢磨，在练。他的愿望就是：终身以此为职业，靠面人儿安身立命。可是在北京，捏面人儿挣不着钱，他想到外地去闯闯。这时候，青岛到北京来招警察，郎绍安就报了名。

到了青岛，就住在万年兵营，先要受训，三个星期后发给制服。没等到三周期满，郎绍安就夹起小包袱，脚底下抹油，开小差溜了！他哪是想当什么警察呀，他要到青岛来捏面人儿，因为没有路费，他才想了这么个"窍门"！郎绍安从万年兵营跑到青岛郊区的李村，打开包袱，取出捏面人儿的家什，开始边捏边卖。这是他闯荡江湖的开始。

在青岛一待就是三年。有一回他在一家大饭店门口捏面人儿，被一个大官儿叫进了饭店，大官说要给蒋介石祝寿，让他即席捏一个八仙庆寿。郎绍安毫不畏难，当场捏了出来，颇得那位大官的赏识。这个作品不知献给了蒋介石没有。

1935年，面人儿郎26岁时，他的作品参加了在中央公园（即中山公园）举行的北平物产展览会，市府要人袁良、邢大安、冷家骥等，颁给他一张奖状，上写："评定及格，应给一等奖状。"（这张奖状在"文革"中被他自己烧了。）

28岁上，面人儿郎成了家。妻子是他一位朋友的妹妹，比他小11岁。婚后不久，他就一个人去了上海。

上海，有他的一位朋友，姓胡行五，经胡五介绍，面人儿郎认识了梅兰芳的师叔徐墨云。徐老板在沪开着三个昆腔戏园子，很有钱。在徐公馆里，面人儿郎给徐老板捏了200多出戏的面人儿，挣了不少钱。

上海生意好了，他在极司菲尔路荣庆里116号找下了房子，然后回北京接妻子南下。面人儿郎很重义气，上海的生意好了，他没有忘记自己的师傅赵阔明，把师傅也从北京接到了上海（赵阔明老先生1981年病逝于上海，终年81岁）。

面人儿郎在上海只待了四年。

"八一三"那天,中国军队和日军在闸北打起来了。当时面人儿郎正在徐公馆里捏面人儿。徐老板对他说:"上海要打仗了,你火速回家,把女人接到我这儿来吧。"郎绍安急忙往家跑。到家一看,妻子已经不见了。这时候,上海的街道上尽是军队、担架和逃难的人群,许多人往租界里跑。他也随着人流跑,边跑边找自己的妻子。当时天还下着雨,远处不时传来枪炮声。他心急如焚,直到第二天才找到妻子,两人只带一把雨伞躲进了徐公馆,已身无分文。徐老板安慰道:"你不用急,我替你想办法。"

徐老板请来十位外国侨民,有男有女,让面人儿郎给他们表演捏面人儿。当然不能白看,每人每小时大洋两元。外国人挺高兴,他们对面人儿郎的面塑艺术惊叹不已。其中一位说:"我们只懂得用面粉做面包吃,而你,却把面粉变成了艺术品。真了不起!"三个小时的表演,面人儿郎挣了60元。

从那以后,面人儿郎认识了这些外国人。他们轮流把面人儿郎接到家中,给他们捏面人儿。其中有位伊太太,是美国人,曾经当过北京协和医院的院长。她有个女儿,是在北京长大的,会说一口流利的北京话。母女俩都很喜欢面人儿郎的面人儿,几次接面人儿郎到她们家中,让面人儿郎捏耶稣降生,耶稣遇难,圣母玛利亚。每次她们都用汽车接送。

有一回,她们将面人儿郎用汽车接来之后,却没有用车把他送回去。面人儿郎只好走着回去。路很远,深更半夜的,经过一片树林时,突然跳出四个大汉来,迎面一个问道:"站住!你是干什么的?"面人儿郎说:"我是捏面人儿的。"

那大汉又问:"手里拿的什么?"

面人儿郎说："捏面人儿用的工具。"

四个大汉上来搜身，搜去了 80 元钱，抢去了怀表，只给他留下一把小剪刀，一个盛五色面的搪瓷盘。

面人儿郎尽做外国人的买卖，挣了不少钱，惹得一些人红了眼。他又是个外乡人，在上海无亲无故，因此就被黑社会那帮人盯上了。后来伊太太得知了他的这次遭遇后，发动她的朋友们，每人给面人儿郎凑了十元钱。

又过了几天，面人儿郎出门去交货，这是一个外国人订做的《唐僧取经》，做得格外精致，并配好了玻璃罩子。面人儿郎知道，跟外国人做生意，尤其要讲究信誉。他用手托着，走出家门，刚到弄堂口的老虎灶跟前，就听有人冲他说："喂，站住！"

他用眼睛的余光一扫，见是个衣衫破烂的瘪三，就没答理他，继续向前走。那瘪三又叫道："叫你站住，听见没有，叫你哪！"

面人儿郎只好站下。那瘪三说："过来！"

此时面人儿郎不到 30 岁，血气方刚，是个没事不惹事、出了事不怕事的汉子。那瘪三问："你手里这面人儿卖多少钱？"

面人儿郎赔着笑脸说："这是人家订做的，不卖。"

那瘪三说："今天我偏要买。"

面人儿郎仍然赔着笑说："你要喜欢，我可以再捏一个送你。我就住在本弄堂 116 号，你喜欢什么，我都可以给你捏。咱们是邻居嘛。"

瘪三看他软弱可欺："不要你多说废话，我今天偏要买你手里的。"

面人儿郎说："我说了，不卖。"

这时，又有三个瘪三起着哄凑了上来。先前纠缠的那个瘪三突然飞起一脚，踢在面人儿郎手腕子上。那个装有面人儿的玻璃罩子飞起来落在地上，摔个粉碎。面人儿郎再也按捺不住了，扬起手一去一回，连扇了那瘪两三个耳光!

那挨了打的瘪三"嗷"地一声怪叫,四个人一齐扑上来,向面人儿郎拳打脚踢。面人儿郎左支右挡,终抵不住四人,终于被打倒在地,最先挨了打的那个瘪三死死压在他身上。他怒从心中起,瞅准这家伙的耳朵,吭哧就是一口,咬下半只耳朵。

那个瘪三捂着耳朵哭着喊着站了起来,满嘴是血的面人儿郎乘机爬了起来,向后退了两步,等待着一场更激烈的厮杀。

果然,被咬掉耳朵的那个瘪三像头受了伤的野猪,大吼一声:"我,跟你拼了!"他的三个同伙也乱喊着:"打死他!""不要让他跑了!"

正在此时,有人分开看热闹的人群,走到四个瘪三面前一抱拳:"各位老大,请住手,我有话说。"

那几个人果然停了下来,打量来人。此人是谁?就是面人儿郎从北京来上海投奔的胡五,胡五"在家里"(就是加入了青洪帮),而那四个瘪三也是青洪帮的人。只听胡五说道:"我这位弟兄从北京来到上海,凭手艺混碗饭吃。诸位有什么话,好说。"

那几个瘪三软了下来,被胡五拉着,进了一家茶馆儿。这场架的结局,以面人儿郎请12个人吃两顿饭了事。这两顿饭,一顿西餐、一顿中餐,两顿饭用了37块现洋。那时候,一袋洋面才一块九。

这件事情一完,面人儿郎就决定搬家,不能跟这儿住了,因为那12个瘪三已然知道他住在哪儿了。

新址选在上海大西路,拉着搬家行李的车刚走到弄堂口,被一个人迎面挡住去路:"侬是从哪里搬来的?"

面人儿郎不愿惹事,老老实实地说:"从极司菲尔路,荣庆里116号。"

拦路人说:"拿三块钱来,放你过去。"

唉，花钱免灾吧。面人儿郎掏了三块钱，拦路人收了钱，吹声口哨，走了。

想免灾，灾还是来了。一天晚上，面人儿郎捏完面人儿回来，正在吃饭，突然临街的玻璃窗被人砸开，紧接着，跳进四个陌生的大汉来。

那四个汉子进屋后一言不发，动手就搜、就抢，什么都要。郎绍安的皮鞋、西装，小孩的毛衣，半口袋白面，全拿走了。

面人儿郎的小女儿郎志英吓得直哭，面人儿郎夫妇俩敢怒不敢言，四只眼盯着他们，等他们走了以后，他妻子才哭出声来："这日子往后可怎么过哟！"面人儿郎说："别哭，哭管什么用！只要这捏面人儿的手艺抢不走，咱就还能挣。"

值得庆幸的是，面人儿郎藏在香烟盒里的 30 元钱，没被歹徒们发现，还能救救急。

这场灾难让那位美国的伊太太知道了。她介绍面人儿郎参加了在城隍庙举行的义卖。参加者要将赚到的钱拿出 30% 交给组织者，用来救济灾民。这么着，面人儿郎手里又有俩钱儿了。

大西路的房子也不敢住了。夫妇俩带着孩子，住进了静安寺附近原"快利"汽车行的废车库。在那儿，他们碰见了一位北京回龙观的朱太太，她是来上海给人当用人的。说起在上海的不幸遭遇，思乡之情油然而生。三个人一致决定，走吧，别在这儿受罪了，回北平吧！

北平的地界就太平了吗？正是在日寇铁蹄的蹂躏之下，中国同胞在侵略者的刺刀尖儿底下，提心吊胆地过日子。

一天，面人儿郎坐在丰盛胡同西口附近捏面人儿，眼瞅着两辆日本人的汽车开来了。车在一条小胡同前停下，一个汉奸指着那条胡同说："太君，就是那儿，统统的拉肚子！"

一个当官模样的一挥手，一伙戴着口罩儿的日本兵开始挨家砸门，门砸开了，就进去抓人，押出来逼着他们上那辆大卡车。忽然，一个院里传来一个女孩子的哭喊声："别抓我，我没病，我没病啊！"接着，面人儿郎看见两个日本兵拖着一个梳辫子的姑娘从院里出来。那姑娘拼命地挣扎着、哭喊着，那声音听了让人瘆得慌！姑娘再怎么挣扎也没用，终于被日本兵扔上了卡车。

装满了中国人的卡车开走了。面人儿郎明白，这是拉到城外去活埋！在日本人眼里，中国人就不是人！他的面人儿捏不下去了。不行，还得走，离开这鬼地方！

画人儿郎挎着箱子、背着行李，大人孩子一家五口人像是逃难乞讨的，从阜成门来到前门。面人儿郎找块向阳背风的地方，贴着墙根儿，用粉笔头儿在地下画了个圈儿，命令几个孩子："只许在圈里头玩儿，不许出来，出来让车撞着！"他自个儿挎着箱子，奔了打磨厂了。

捏面人儿摆摊儿得会找地方。不能往人群儿里扎，那样让人讨厌，也不能往背旮旯里钻，得找那南来北往都看得见的地方。摊儿一支，五色面往手里一搓，那大人小孩就会吸引过来。他那木箱子上镶着几个铜字："郎绍安承做画人，坚固耐久。"这箱子随他转遍北京九城，面人儿郎的名声也就越叫越响。

不大的工夫，他就卖掉了几个面人儿。挣着钱了就收摊儿，先上前门火车站打了去丰台的车票，剩下的钱，买了几小包花生仁儿，几个贴饼子，回到了他画的那个圈儿中。

几个孩子早就等急了、饿急了，吃完了贴饼子、花生仁儿，走人，上火车。

从丰台站下车后，面人儿郎带着一家人直奔一个小店而来。

店掌柜的一见这家子人，跟逃荒要饭的似的，有点不乐意收留："住店，得交店钱。"

面人儿郎说："是啊您哪，没想白住。"

掌柜的说："你们有钱吗？"

面人儿郎最恨人家瞧不起他，但他不露声色："到时候准给您就是，您要不放心，先把行李押这儿。"掌柜的瞟了一眼他的行李，一床破被，值不了几个大子儿钱。又问："你是干什么的？"面人儿郎说："捏玩意儿的。"他偏不说他是捏面人儿的。掌柜的捏着鼻子留下了他们。

第二天一早，面人儿郎就在店门口支起了箱子。他想让店掌柜的瞧瞧，他怎么挣钱。

店掌柜的还真瞧着他呢，说："就这玩意儿，能挣出钱来？"可转眼间，面人儿郎就让人围上了。工夫不大就挣了八块钱。当下，他拿出四块来给了掌柜的。掌柜的脸一下子红了，没说话。

面人儿郎一家在丰台只住了两天，挣了点儿钱就又踏上旅程了。从丰台去了保定，后来辗转去了沈阳、怀来、张家口……一站一站，全家人一直流浪到包头。面人儿郎的名声和他的面人儿留在了京包沿线的每一个镇子上。他的手艺是精湛的，他塑造出一个个精致美妙的艺术品，可全家人却过着凄惨悲凉的生活。他们全家六七口人，只有一床被子。生意好的时候，一家人就饱餐一顿，馒头就熏鸡。生意不好，全家人就大眼瞪小眼地饿着。有时候，投宿在客栈里，有时候露宿在庙台儿上，被夜雨浇醒……

北平解放前夕，面人儿郎回到了北平。新中国成立后，随着中国这古老国家命运的改变，面人儿郎也开始了新的生活。

一天，面人儿郎在西四丁字街摆摊捏面人儿，来了一位主顾，要面人儿郎给他捏一出《小女婿》。可面人儿郎一次没看过，香草长什么样，田喜儿哥什么打扮儿，他全不知道。可他不愿意说"我不会捏"，就说："一个人儿五毛钱。"他希望对方嫌贵就不要了，没想到对方一口答应：

"行。"

面人儿郎平生最守信用，答应人家就得给人家捏出来。当下他收了摊儿，奔了戏园子，花了八毛五买张票，听《小女婿》去了。人家是品唱腔儿、听戏词儿，他是看剧中人的行动作派、衣装打扮儿。散了戏回到家，连夜把客人要的人物捏了出来。两小面人儿卖一块钱，真是赔本儿赚吆喝。可面人儿郎觉得不亏：他的学艺又向前迈了一大步。后来，他以老北京各行各业为题材，捏了不少剃头的、拉洋车的、卖馄饨的、拉洋片的。这些作品不仅是艺术品，也是珍贵的历史画卷。

在西四丁字街捏面人儿时，他的手艺被戏曲改进局的张墨元教授看上了，把他请进局里捏面人儿，按临时工待遇，每天两块钱工钱。在当时，这可算是高薪了。戏曲改进局的负责人是个延安时期的老八路，他瞧郎绍安一个捏面人儿的比他这个老革命挣的还多，就要给他减工资，减成每月400斤小米，合40块钱。郎绍安不干，就离开了戏曲改进局。从这以后，郎绍安的日子就不那么顺当了。

先是派出所找他，给他封了个"官"儿：卫生小组组长，管街道上的打扫卫生、消灭老鼠，都是尽义务，没工夫捏面人儿了。

紧接着是工商管理部门的刁难。一天，一位姓刘的干部把街道上各种小贩集中在一条小胡同里开会，挨着个儿问，登记，发给许可证什么的。到面人儿郎这儿，那干部问他以什么为职业。郎绍安说，我是捏面人儿的。那干部问："捏面人儿？一个月得用多少斤白面哪？"郎绍安说："五斤。"那干部一听就摇头了："拿五斤面捏着玩儿？这不是糟践粮食吗？不行！"

郎绍安一听，脑袋轰的一下，像挨了一闷棍。这不是要砸我的饭碗吗！不让捏面人儿，一家人吃什么？他越想越心窄，越想越觉得没活路，回到家，他拿出一包子铅粉就吞了下去。那铅粉是他捏面人儿用的颜料，有毒。

郎绍安的二女儿郎志丽发现后赶快叫人："不好啦，我爸喝毒药了！"福绥境派出所的民警闻讯赶来，和邻居们七手八脚，把郎绍安送进了人民医院。经医护人员抢救，命被保住了。后来派出所的干部还来看他，给他送来些鸡蛋和五元钱，让他买点好的吃，补补身子。待他出院以后，派出所又给他五元钱，让他当本钱做点小生意。往后，他就在白塔寺宫门口卖起了烤白薯。这是 1953 年的事。

郎绍安卖烤白薯时，唯恐荒废了手艺。白塔寺附近就是鲁迅故居，有个李主任跟郎绍安不错，就把自个儿的口粮省下来，让郎绍安练手艺。郎绍安白天卖烤白薯，晚上回来捏面人儿。面人儿郎成了"业余艺人"。

1955 年，电影《智取华山》在京上映。郎绍安看过这场电影后心情久久不能平静，回来后创作了一组面塑《智取华山》，再现中国人民解放军的英雄形象。这副作品后来被拿到中山公园展出了。这是他的作品第二次在这个公园展出。

一天，朱老总来到中山公园观看展览。走到面塑《智取华山》跟前他站住了。用面塑艺术反映现实题材，当时还不多，就是在郎绍安的面塑艺术生涯中，大型的现实主义题材的作品也是有数的几个。当年在上海，他塑过《孙中山葬礼》。他的大量作品是戏剧中的人物，尤其以动物、花草见长。他曾经把面塑作品《玉米蝈蝈儿》赠送给西哈努克亲王。朱老总非常欣赏郎绍安塑造的英雄形象。他问工作人员：郎绍安是干什么的？工作人员如实回答："是个民间艺人，现在卖烤白薯。"朱老总一听很生气："不像话。应该让他归队。"就这样，郎绍安才成为一名国家正式的艺术工作者。

郎绍安后来见到过朱老总一次，那是在 1956 年 8 月，他已经归并到王府井工艺美术服务部了。在北京展览馆的一次展览会上，郎绍安在现场做面塑艺术表演，朱德、郭沫若等人来到展览馆，观看了表演，郭老还花了两元钱买去了郎绍安的《李密挂角读书》。

"文革"后期，郎绍安还没被解放，在工艺美术工厂挖防空洞。后来朱老总到厂里来了一次，又问起了郎绍安的情况。朱老总走了之后，郎绍安才回到车间，重新开始捏面人儿，并带了几个徒弟。可惜郎绍安无从知道其中的细节。

我们敬爱的周总理也曾给过面人儿郎以关怀。

就在 1956 年 8 月那次展览会上，王府井工艺美术服务部的苏经理陪着一男一女两名英国人来观看郎绍安表演。郎绍安当场塑了一个《霸王别姬》，并把"楚霸王"送给了那个男的，"虞姬"送给了那个女的。那位英国女人非常高兴，连声道谢，并且说："几天以后，我将拿着她在伦敦迎接你。"郎绍安当时没明白这句话的意思，没想到五天以后，他就真的动身去英国了，那是国际贸促会组织的。捏面人儿的能出国？郎绍安过去连想也不敢想啊！《北京日报》发了消息，醒目的大标题是：卖烤白薯的出国了！不知是哪位漫画家还配了幅漫画：一架飞机在天上飞，飞机顶上坐着一个捏面人儿的。郎绍安一看就乐了："要这样，还不把我掉下来摔死！"

在伦敦展览会期间，面人儿郎每天表演三次，每次一个半小时。每次表演，他身边的观众都是里三层外三层的。当地报纸登了他的大照片，还写了文章介绍。有位英国老太太，当年到过中国北京，对北京的各种民间工艺非常感兴趣。听说有个捏面人儿的由北京来到伦敦，说什么也要来看看。大热天的，坐火车赶来了。到这儿一看，不巧，正赶上面人儿郎休息去了，不在。哎哟，不得了啦，她一着急，就昏过去了！北京的工作人员一气儿忙活，总算把老太太弄醒了。面人儿郎这个感动啊，不仅送了她俩面人儿，还把他从北京带来的茶叶也给了这位老太太了。老太太满意地走了。

回到北京，已经是满城叶落的深秋了。天气凉了，该换季了，面人儿郎却没有御寒的衣裳。原来，他妻子以为他这一出国，就能发大财呢，就把丈夫头年冬天穿的棉衣裳改给大儿子了。面人儿郎气得跟她嚷起来了。嚷管什么用啊？

面人儿郎同院有个姓时的街坊，是房管局的干部，听见了郎家两口子嚷嚷，就拿着自个儿的一件呢子大衣过来了："老郎啊，别着急，慢慢想办法。这么着，我这儿有件儿呢子大衣，我穿不着，搁着也是搁着，您先穿着上班吧。"

不等郎绍安推辞，老时搁下呢子大衣走了。晚上，老时又过来串门儿，手里拿着两张信纸，对郎绍安说："我替您起草了一封信，把情况向上边反映反映。我这就给您念念，您要是同意呢，我就替您发出去。您要是不同意呢，咱就拉倒。"

郎绍安说："那敢情好，您就念念吧。"

老时把信念完，郎绍安一听，是这么回事，没夸大没缩小。就问："您打算把这封信寄给谁呀？"老时说："周总理，国务院总理，周恩来。"

"哟！那，行吗？"

老时说："行，没问题。"

信发出去以后，面人儿郎心里一直惴惴不安：这么点子小事怎能打扰总理？没过两天，一辆小汽车停在了王府井工艺美术服务部门前，下来两个干部，来找郎绍安。

进来这两位同志是周总理派来的，其中一位就是徐向前同志。徐向前首先询问了郎绍安的困难情况，然后拿出120元钱来，说："这是周总理让我给你送来的。总理说,有什么困难尽管向政府讲。"

郎绍安拿着这 120 元钱,激动得双手颤抖,半天没说出话来!一个普通的民间艺人,一个捏面人儿的,生活上有了困难,国家总理帮助解决!这要在旧社会,冻死、饿死,谁管哪!直到今天,郎绍安老人提起这件事儿还觉得自个儿短了点礼:怎么也应该当面谢谢总理,谢谢徐向前同志啊!

60 年代初,郎绍安调到了西四彩塑厂,在那带着五个徒弟捏核桃面人儿,出口日本。那时候面人儿郎岁数还不甚大,眼神儿好,精气头儿也足。那核桃里的面人儿要求更精致,核桃壳才多大呀,那面人儿只有三四厘米高。眉眼具悉,还要塑出钗裙服饰来,艺术价值极高。那些年,面人儿郎和他的徒弟们没少为国家创汇。

面人儿郎这个人没什么文化,一高兴,说话没把门儿的,当着徒弟讲起了当年给外国人表演、仨钟头挣了 60 元的事来。没几年过去,"文化大革命"就开始了。因为他塑的那些都是老戏出儿里的题材,人家就说他那是"帝王将相、牛鬼蛇神",再加上他给徒弟们讲的那些,好,"宣扬今不如昔"!揪出来了。面人儿不让捏了,每天早晚向毛主席请罪,然后就是扫地、倒脏土,冬天生炉子。后来彩塑厂垮了,画国画儿的、捏面人儿的,都打发到小西天的工艺美术工厂去了,干什么呢,挖防空洞。后来,朱老总来过一次,他才回到了盛着七彩面的瓷盘前。

"文革"后期的 1975 年,军事博物馆要制作一个红军爬雪山过草地的大模型。"雪山"做出来了,没有人。按照那个模型的比例,每个"人"只能有六七厘米高,泥人做不了。于是他们想到了面人儿郎。

面人儿郎带着二女儿参加这个模型的制作,一个个征服雪山草地的红军战士,通过面塑艺术的形式反映出来了。这个模型面人儿郎父女俩干了好几天,捏出的面人儿价值 700 余元。但面人儿郎分文不要。

在技术上他毫不保守，谁去他都教。他的面人儿谁张嘴要他都给。1988 年夏秋之季，他的脚外伤感染老不封口，住进了中日友好医院，几乎所有的医生护士都得到了他的面人儿。

面人儿郎 1979 年因身体不好退了休。他老伴儿于这年年底去世了。八个儿女都成家另过了，平常都上班，假日里来看看老人。老人独自住在西城一个大杂院的小套院里，两间小房，很是寂寞。他还想教些个徒弟，尤其想教几个残疾人徒弟，给他们一个安身立命的本领。他还想用面塑再现老北京的民俗，如旧时代出殡的，娶媳妇儿的，棺材花轿，吹鼓手，扛幡儿打执事的，放鞭炮、撒纸钱儿的……他说："这些个，现在的青年人没见过。我不愿意把我的手艺带到棺材里去。"

面人儿郎老骥伏枥壮心不已，面人之花盛开京城。

胡家芝：111 岁民间艺术家的剪纸人生

丁跃忠

2007 年 2 月 1 日，111 岁的胡家芝在南京举办了一次剪纸作品展，并被授予"南京市文学艺术奖终身成就奖"，这一消息在全国引起轰动。作为全国健在的年龄最大的民间艺术家，胡家芝不仅日常生活能够自理，她每天还读书看报，还能搞艺术创作，真是举世罕见。

那么，用一把普通剪刀，胡家芝究竟是如何剪出整整 100 多年的人生传奇？

国画大师叶浅予称她为启蒙老师

1897 年春，胡家芝出生于浙江省桐庐县的一个书香门第。她的父亲叫胡传泰，是一位著名书法家，叔父是一位花鸟画家。胡家芝年幼时就和哥哥们在慈威私塾受过严格的传统教育。桐庐第一女子学校一成立，胡家芝就被父母送去读书，学中文、数学、英语，这个聪明的女孩数学成绩拔尖，3 年 6 次考试全是满分。16 岁时以考试成绩第一名毕业。

　　胡家芝聪慧手巧。她七八岁时开始学刺绣，学绘画，学剪纸。她逐渐喜欢上了剪纸。那时候，桐庐流行一种地方戏叫芦茨戏。戏里鲜活的人物吸引了幼小的胡家芝，回家后她就拿起剪刀在纸上剪了起来。每逢喜庆佳节，就有许多人来邀请她制作各式灯彩，剪制各类礼花和喜花。特别是当地每逢迎神赛会，赛会组织人都要让人剪制各种喜花、礼花、灯花用以装饰和表达心愿，每次都少不了她的参与。她的剪纸继承了江南喜花剪纸"吉祥如意""祈福迎祥"的内容，具有玲珑剔透、俊秀优美的风格。

　　20 岁时，胡家芝出嫁到离家 30 里的桐庐县窄溪镇珠山村。珠山村溪流清澈，远山凝翠，秀丽的乡间景色为她的艺术生命注入了更深厚的生活源泉。胡家芝用剪刀剪出了无数精美绝伦的喜花、灯花和礼花。在珠山生活的 36 年里，胡家芝成为远近闻名的剪纸能手，乡亲们亲切地称她"福星"。

　　当年因为孩子多，胡家芝的母亲曾把她送到外婆家生活了好几年。外婆家也在桐庐县城，也是个大家族，其中她四舅舅的一个儿子后来成了著名的国画大师，这就是叶浅予。

　　叶浅予称胡家芝是她的启蒙老师，他在信中写道："家芝大表姐：你也许记得，在你跟随你母亲到外婆家看芦茨戏的日子里，你用五彩手工纸剪糊成戏文里的小旦，并用描花小笔给她开脸，我站在你身旁看得入了迷。由于你的启发，喜爱造型的细胞在我身上发了芽……你是我的启蒙老师。"

　　1950 年，因丈夫患肺病转赴上海、杭州治疗，胡家芝也离开故乡桐庐随行护理。丈夫病逝后，她于 1952 年随大儿子袁振藻迁居南京，一直生活到现在。

她的剪纸溢满了对国家和亲友的浓浓爱意

在南京，胡家芝迎来了她剪纸创作的一次次高峰。

由于大儿子、大儿媳忙于工作，胡家芝就在家帮助操持家务。在操持家务的同时她抽空以剪纸自娱。慢慢地，她的精美剪纸逐渐在当地流传开来。

1957 年，胡家芝的作品第一次受到有关方面的重视和认可。那年，苏联教育代表团来南京参观考察，南京师范学校校长在考虑送对方一件有意义的礼物时就想到了胡家芝的剪纸，于是请她创作一幅。胡家芝经过认真构思，很快剪出了题为《中苏友好，和平万岁》的作品。这幅作品既富有中国民族特色，又表达了中苏友好的内容与和平的愿望。当时，著名工艺美术家、南京艺术学院院长陈之佛教授看了赞不绝口，写了一篇短评推荐给《雨花》杂志发表。这样一来，既把她的剪纸艺术介绍给了更多的人，又极大地鼓舞了她的创作热情。

1959 年，胡家芝精心设计了作品《祖国万岁》，讴歌新中国的第一个十年建设成就。剪纸《祖国万岁》上沉甸甸的稻麦穗、雪白的棉花和水灵灵的瓜果，寄托着老人当年对五谷丰登的美好祝愿。这幅剪纸作品使她一举出名。

从 1961 年到 1963 年三年间，胡家芝连续参加了"南京、扬州、南通三市剪刻纸联展"，每次都选择自己最满意的十余幅作品参展。她被吸收为南京市美协会员，这是她在南京的第一个创作高峰期。

剪纸属于装饰艺术。胡家芝剪纸艺术的特点是："作品构思深邃，造型简洁朴实，构图精巧，色彩单纯却热烈。表现手法常用比喻、象征和谐音双关。寓情于物，物中见人，满足一种深层的心理需要。蕴涵着一种朴素深厚的乡土感情，体现着乐观进取的民族精神。"

20 世纪 80 年代，胡家芝的剪纸艺术达到了新的高度。她创作出《万象更新》《美满人间》《鸳鸯戏荷》等一批精品。

胡家芝一直保持着看报纸的习惯，时代的新鲜内容激发着她的创作灵感。1995 年，她把《丹凤朝阳》献给第四次世界妇女大会。1997 年香港回归前夕，百岁老人历时两月精心构思，三易其稿，最终创作出大型剪纸《普天同庆》。作品中间上方为国旗和香港区徽，周围是牡丹花、紫荆花、荷花、菊花、梅花等花卉，两侧上方是喜鹊报喜、日月争辉，边饰为和平鸽、鲜花，底边正中是香港回归的日期，生动反映了香港回归这一重大历史事件。1999 年，她用《国富民强》来祝福共和国 50 岁生日，用《喜迎回归》来欢庆澳门回归……谈起当年创作作品时的情景，胡家芝仍然有些激动："过去外国人欺负我们，现在回归了，心里高兴！"

胡家芝的剪纸体现了她对国家和人民的热爱，也溢满了她对故乡和亲朋好友的浓浓爱意。每逢亲朋好友喜庆之时，胡家芝的贺礼都是一幅剪纸。1995 年，她的孙子袁宇夫妻从国外回南京探望，她特别高兴，剪了一幅别具一格的喜花《祝福图》相送。在部队工作的王春曾多次慕名拜访过她，后来就成了她的挚友。2006 年正逢她 110 岁生日，王春于上半年又寄来贺信及礼物。她礼尚往来，创作了一幅寓意工作顺利、事业有成的剪纸送给王春。2006 年 12 月，她的在浙江金华的大女儿和女婿结婚 50 周年，她赠送了一幅《金婚纪念》剪纸。

胡家芝虽然长期生活在南京，但故乡的山山水水始终在她脑际萦绕。特别是当自己年事已高无法再重新踏上故乡的土地后，剪纸则成了她抒发对故乡的思念与感激的最佳载体。也是通过剪纸，她仍在为故乡的发展做着自己的一份贡献。

目前，胡家芝迎来了她第二个创作高峰期，许多作品在国内外展出、在报刊发表。她的 100 多幅作品被中国美术馆、江苏省美术馆、南京市民俗博物馆等收藏。她的简历载入《中国美术家年鉴》《中国民间名人录》《世界名人录》《中国民间剪纸史》等书中。虽然年龄不断增大，但她的创作激情不仅没有减弱，而且每年都佳作迭出。甚至在今年，已是 111 岁高寿的她仍创作了几幅剪纸，这无疑成了我国乃至人类民间艺术史上的一个奇迹。有人称她是"当代中国剪纸艺术的金母泰斗"。

剪纸和注重养生保健是她健康长寿的秘诀

1999 年 10 月，当时 103 岁高龄的胡家芝作为"中华百岁老人健康之星"应邀从南京飞抵北京，参加中央电视台"99 国际老年人文艺晚会"。晚会现场，她身披红绶带，向晚会赠送了两幅剪纸——庆祝新中国成立 50 周年的《国富民强》和庆祝国际老人年的《松龄鹤寿》，引起了全场观众的阵阵喝彩……

户口簿上胡家芝的出生日期是 1897 年农历正月廿五，因为当时胡家芝的母亲家是大家族，每个孩子的出生家谱里都有记载，所以，胡家芝的生日肯定不会出现错误。所以，如今胡家芝已是 111 岁的高龄了。

胡家芝本人看上去非常年轻，根本不像 111 岁，好像只有 80 多岁的样子。每天她都把自己收拾得十分利索，满头银丝整齐地梳在脑后，一件蓝色老式大褂清清爽爽。

胡家芝老人有三儿二女，最大的 86 岁，最小的也已经 70 多岁了。1951 年老伴儿生病去世后，胡家芝一直跟大儿子、江苏教育学院美术教授袁振藻夫妇一起生活。前几年，袁教授的妻子去世后，家里就剩下 111 岁的胡家芝和 86 岁的袁教授母子俩相依为命。

胡家芝除了几年前左眼做过白内障摘除手术，她一生基本没去过医院，也从未用过化学药品。青少年时期从未生过什么病，老年前期生过几次小病，以中药调理治愈，高龄后很少生病。她现在心脏、血压正常，除了听力减退一点，身体没有任何毛病。

111 岁的胡家芝如此健康长寿的秘诀是什么呢？袁教授说："很简单，热爱劳动，生活有规律。"

多年来，胡家芝老人的生活规律雷打不动。早晨 7 点她一般准时起床，但当天冷时会迟些。早饭后借助放大镜看《参考消息》，已经坚持几十年了。如果早饭后等一会儿报纸还没有送到，她就会撅起嘴巴嘀咕："怎么还不来？"看累了她会放下报纸，静坐一会儿闭目养神，休息一会儿继续看。大概到 10 点钟，她就站起来扶着家具慢慢地走到院子里去，抓着院子里的扶手，甩甩脚，甩甩膀子，呼吸新鲜空气。天气好时，袁教授有时也会陪母亲到附近的公园去散散步。除了看报，胡家芝还喜欢看儿子书橱里的各种各样的画册，进行艺术学习，活动过后，还要闭目养神。中午 12 点准时开饭，饭后再稍微休息一会儿。2 点多，胡家芝就会醒来，然后再看看报纸或者其他杂志。这个时候，她就需要人陪伴，一起讨论当天的热点新闻。袁教授说母亲一辈子对国家大事十分感兴趣。关心国家大事让她的思维始终保持着活跃、年轻。下午 6 点开始吃晚饭。吃完晚饭，她就开始看电视。她耳朵不是特别好，害怕电视声音开得太大影响别人家，所以，她常常让儿子袁振藻边看电视边讲给她听。除了固定地看《新闻联播》以外，她还喜欢看电视剧，其中她最爱看的是古装电视剧。每当看到喜欢的演员，她会特别的开心。到了晚上 9 点半，胡家芝会按时上床睡觉。

胡家芝一日三餐简简单单。说起日常饮食，袁教授说："我妈妈从不挑食，只要能炖烂的东西都吃。"胡家芝的早餐通常是鸡蛋加上掺枸杞的麦片粥，再配上十几颗红枣，午饭和晚饭大多是一小碗米饭配上一些菜。她的口味偏淡，很少吃咸物。过去，她很喜欢吃肉，现在只吃很少的瘦肉和鸭翅膀等，基本上以蔬菜为主。她还喜欢吃豆腐。她从来不吃所谓的保健品，她认为药补不如食补，至于零食更是从来不碰的。经常有人问她为什么如此高龄不老眼昏花，她说因为经常吃胡萝卜，使自己眼睛一直明亮。她从不抽烟、喝酒、打牌，每天的生活都是这样平静有序。

胡家芝还有一个养生秘诀就是喝淡盐开水。她每天起床的第一件事就是喝一杯淡盐开水。她认为，入睡了一夜体内水分会减少，早晨起来喝淡盐水有很多好处，一方面可以补充身体代谢失去的水分，另一方面可以清洁已经排空的肠胃，还可以促进血液循环，防止心脑血管疾病的发生。这个习惯她已经坚持六七十年了。"我们家现在将这个作为传家宝在用，每个人早晨起来都会喝一碗淡盐开水。"袁教授说。

胡家芝一辈子都在家里做家务，没有出去工作，是一位典型的家庭妇女。但她读过书，凡事都想得开。加上她为人善良、性格平和，所以从来没发过脾气。胡家芝每天都笑眯眯的，从来没有看到她生气、不高兴。有人问她怎样才能长寿，胡家芝会认真回答说："要高兴，不生气！"

胡家芝老人一家儿孙辈在北京、杭州、苏州、淮安、金华等地都有，还有的在国外，过年要想聚在一起还真是不容易。每年春节，家里的拜年电话就响个不停，不仅是国内的电话，远在澳大利亚工作的大孙子袁宇专门打来越洋电话给奶奶拜年。有这么多孝顺的儿孙，老人心里乐呵呵的。亲戚朋友经常走动聊天，子女孝敬，家庭和睦，家里从不发生事端，所有这些也让老人保持了心情舒畅。从胡家芝90岁那年开始，大规模的祝寿活动有三次，最热闹的一次国内外的四代42人都到齐了。

熟悉胡家芝的人都很羡慕她，大家不只羡慕她的健康，更欣赏她生活的质量，羡慕她精神世界的丰富多彩。她的情感寄托都是通过她的剪纸来表达。袁教授说："母亲没事的时候总在思考怎么剪出别具一格的作品，逢年过节或者家人生日，她总要在剪纸上动一点心思，做一些特别的设计。剪纸让她每天都要动脑子、动手，有效地防止了大脑的衰退。"飞禽走兽、花鸟虫鱼、人物文字……全部被胡家芝老人在一片片红纸上剪了出来，厚重处层层叠叠，精致处细若游丝，满眼花团锦簇。剪纸也正是老人长寿的最大秘诀，是它拉长了老人的时间。从 10 岁学剪花样到现在，胡家芝的剪纸生涯已整整 101 年。101 年中，剪纸是胡家芝快乐自己、快乐别人的途径。"我的剪纸只要别人喜欢，我就高兴。"这是胡家芝常说的一句话。

百味 "人声"

——说说配音那些事儿

唐烨口述　于洋采访整理

　　我从 1985 年开始做配音工作，到现在一晃都 32 年了。从一个懵懂的初中生走到今天，我遇到过许多优秀的影视作品，也留下了许多难忘的记忆。在我看来，配音绝不是单纯地模仿谁的声音，也不是简单地将一部影视作品录成另一种语言，而是用声音来诠释角色的创作过程。

前辈手把手教我配音

　　第一次接触配音时，我才上初二。那时中央电视台要录美国电视剧《没有圣诞树的家》，有人建议让真正的孩子给剧中孩子的角色配音，所以剧组就从中央电视台少年电视演出队（现在的银河少年电视艺术团）里挑出一些性格、语言条件比较好的学生，我和刘纯燕等人就被选上了。那会儿我什么都不懂，完全是导演王明玉老师一句一句地教，她让怎么做就怎么做。每周六下午和周日全天都要在中央电视台度过，导演

唐烨，北京人民艺术剧院国家一级导演，多部译制剧的配音演员、配音导演。主要配音作品有电影《乱世佳人》《红与黑》《魔兽》《埃及艳后》等，电视剧《大明宫词》《康熙微服私访记（第一部）》《康熙微服私访记·第三部》《唐顿庄园》《安娜·卡列尼娜》《实习医生格蕾》《尼基塔》《战争与和平》《医龙》等

老师先要把片子整个放一遍，同时把每一个角色都阐述清楚；随后要对词，老师会告诉我们需要投入什么样的感情；最后分组对口型，老师叮嘱我们"这个地方要停顿一下""记住，这儿有个抽泣"等。这么一段一段反复地练，直到确认大家都没问题了才会开始录，差不多一周的时间才能把一集45分钟的电视剧录完。

正式开录的时候挺有趣的：老师就站在我们身后，该谁说话了她就拿手捅谁一下。有的小朋友反应慢，被捅了还懵懵懂懂地回头看一眼，在这节骨眼上口型就过去了。如果错了，所有人都要从头开始，因此我们可有压力了。那时候也许小孩子的记忆力好，几乎没有人讲错，反倒是成年配音演员会讲错。有时大人会开玩笑说不想再跟小朋友录音了，小朋友反应太快了。实际上他们都是非常有经验的专业演员，一直帮着、带着我们这些小孩子录。

这些年来，我曾与许多配音界的前辈合作过，比如北京的瞿弦和老

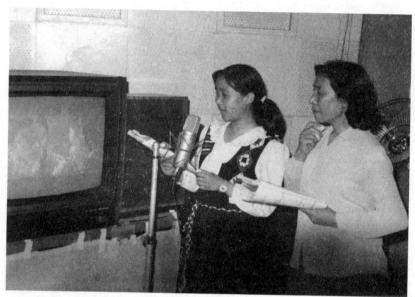

和向隽殊老师（右）配音

师、张筠英老师，上海译制厂的曹雷老师，长影厂的向隽殊老师等。在
他们身上，我不仅学到了很多配音方面的技巧，也见证了老一辈配音人
做事严谨认真、精益求精的工作态度。向隽殊老师曾对我说，他们那时
给一部电影配音，都是背着铺盖卷到录音棚去，恨不得一住就是半年。
在这期间要把这部片子完全吃透，就像演话剧一样，台词都背下来，配
音的时候不再看本子，而是把重点放在口型和感情的投入上。这样出来
的译制片跟现在边看本子边看口型出来的效果确实不一样。

险些遭遇"数字小姐"

一般来说，需要配音的影视作品分两种，一种是译制片（编者注：
在本文中是笼统的说法，包括电影和电视连续剧），一种是国产戏。这
两种我都录过，其中译制片偏多。

　　为译制片配音很好理解：为了引入优秀的外国影片、电视剧，给没有外语基础又不爱看字幕的观众以及专门的译制片爱好者看。有两个电影厂做译制片特别有名——上海电影制片厂和长春电影制片厂。那时候一看朝鲜电影、苏联电影就知道多半是长影录的，而上影录出来的就特别"洋"，一般都是欧美电影。

　　国产戏为什么也要配音呢？有的时候是因为个别演员的台词不过关。有一部国产戏的台词特别多，在某节目中记者问女一号："这么多台词您是怎么说下来的？"结果对方回答："可以数数呀，一二三，四五六七八，九十，如数堆上不就完了嘛，反正后期有演员给我配音。"我无意中看到了这一幕，心说这下完蛋了，谁给她录谁倒霉。结果没过两天，该剧的录音师就给我打电话了："这个戏非你来不可，词特别多，嘴还特别快。"我说："我就问你一句话吧，她说台词了吗，是不是光数数了？"对方一时语塞，我就很坚决地说我不接。后来得知中国儿艺的一个演员接了下来，结果录到第二天脸都绿了。能不绿吗？口型根本对不上。

　　还有一些合作剧里，港台或者国外的演员普通话不好，所以也需要配音。记得我们录《大明宫词》的时候，赵文瑄每天都来，坐在一旁边听边记，很努力地想学好普通话。后来，他每拍一部戏都要请自己非常认可的配音演员芒来到剧组去。赵文瑄会事先把剧本发给芒来，然后让他一字一句教自己讲台词，如果实在没时间就让他录下来慢慢学。所以赵文瑄的普通话进步很大，之前的戏全部都是配音的，现在越来越多的戏都自己录了。

　　有的演员台词功力非常强，但是由于前期演员的档期问题或其他原因，也有的出于对作品质量的更高要求，剧组往往也会请来专业的配音演员，有一些古装戏就是这种情况。

配音不仅要靠"老天爷赏饭吃"

录国产戏的时候，首先是要求声线要像。比如拍电影《无极》的时候，剧组曾经满北京找能给张柏芝配音的人。因为张柏芝的声线很特殊，配音演员很少会有那样慵懒沙哑的嗓子。最后恨不得会说话的全都给找去了，才选定一位电台主持人为她配音。

记得有一位演员在发表获奖感言时讲："感谢我母亲给了我一张很旧的脸。"他天生就适合演劳苦大众，这就是人们常说的"老天爷赏饭吃"。声音的先天条件也是这样，很大程度上能够决定一个配音演员适合录哪类角色。有一位特别优秀的配音演员叫郭政健，曾录过《蓝精灵》里的格格巫、《巴黎圣母院》的卡西莫多等。你一听他的声音，就恨不得把所有流氓、土匪、恶霸、地主的角色都拿来让他录。郭老师的粉丝对他表达过这样独特的赞美之情："郭老师，我特别喜欢您的声音，您的声音是阴冷的、偏执的，就像神经病一样。"曾有个导演要找北京最糙的声音，然后就把郭老师请去了。郭老师想，人家找我，我不能丢脸，就戴了一顶鸭舌帽，弄了一条围巾，穿了件衬衫去，紧着嗓子彬彬有礼地问："是您找我吗？"导演一听马上把推荐人叫来了："我找的是最糙的声音，怎么这声儿就来了？"郭老师立刻粗着嗓子说："嘻，你怎么不早说呀！"

当然，随着年龄的增长，配音演员的声音可能会产生一定的变化，适合的角色也会随之发生改变。比如小时候我录的是小朋友的角色，不可能有长篇大论，说的几乎都是短句子，慢慢地角色越来越成熟，渐渐地开始录18岁的少女甚至是成熟女性。比如《康熙微服私访记》第一部的时候我录的是小桃红，等到第三部的时候邓婕老师就让我录她饰演的宜妃了。我跟她开玩笑说："我还升了。"也有反例，比如录日剧

《烈驹》时，有一集我没什么戏，张筠英老师就说："这儿有一个老太太，你来说两句。"那时我十八九岁，刚上中戏一年级，打从心里就没有底，那两句话说得自己都快喘不上气来了，人家听着还是不像，所以就被换了下来。

有时候出于角色的要求，除了声音像，配音演员还要有很强的塑造力，甚至是相当深厚的表演功底。比如杨立新在电影《霸王别姬》中为张国荣配音就是这样。首先杨立新的声音和张国荣比较像，其次张国荣饰演的程蝶衣是要唱戏的，而杨立新学过京剧，所以导演认为他比较符合要求。事实也证明非常成功。

此外，声音和角色的设定也应当匹配，这样观众看起戏来才不违和，否则容易出戏。一次我录了一个泰剧里那种长得特别好但蛇蝎心肠的角色，我想我可不要把最好的声音录给她，得让她的声音稍微难听一点。于是录的时候完全是眉毛鼻子一块动，怪里怪气的。

还有一次录一部戏前，导演跟我描述说，这个角色集中国传统女性美德于一身，于是在我的想象中她起码是《渴望》里刘慧芳那样的形象。到真正开始录的时候我都傻了：这位演员表演时穿衬衣永远只系中间一个扣，形象倒是很性感，却无论如何都与"集中国传统女性美德于一身"联系不到一起去。

录译制片的要求则不同。这是因为中国人对形象和声音的概念和外国人是不一样的。看到一个长得很漂亮的姑娘，中国人会认为她的声音就应该是甜美圆润的。廖菁老师（国家一级演员，配音演员，配音导演，曾为《甄嬛传》的太后等配音）把我找去录电影《魔兽》时就曾开玩笑说："我们都是兽，你这声音只能录人，还得录长得漂亮的。"她觉得兽不该出我这声儿。

"唐老鸭""米奇""米妮"和"高飞"

录英剧《唐顿庄园》时，配音导演之一、著名配音演员张筠英老师对我说："Mary（玛丽，英剧《唐顿庄园》女主角之一）这个角色得你录。"我说："Mary 的声音是低低的，稍稍有一点点哑（我的声音是甜美、圆润的），而且演员长得高高的，非常大气，我不合适吧。"张老师说："什么叫合适？你得符合中国人的审美特点。如果找一个烟酒嗓，观众会说，这女的怎么这声？"

所以正因为中国观众对译制片中角色的声音有自己的审美与期待（国外的演员声音以低沉沙哑居多），所以配音演员在录译制片时主要是模仿片中演员说话的感觉以及对角色的诠释和塑造，声音的相似度反而不那么重要了。

配音演员也要"入戏"

配音有一些基本的规范，比如得讲普通话，尤其是译制片更为严格，最起码"明天见"不能说成"明儿见"。一次我们录着录着就跟着人家原调跑了，导演就开玩笑说："要是这样的话用你们录吗？"很多观众发现，现在译制片中的"译制腔"越来越淡。这是因为外国演员的表演方式发生了变化，也不再那么拿腔拿调地说话了。既然配音要最大限度地还原原片，人家都没有"哦，天哪""嗯哼"地说话，配音演员也自然不会再像从前那样了。

模仿是表演最基本的技巧，对于配音演员的要求也是一样的，因此配音一定得从原片出发。不管原片的导演还是演员，都是很用心来塑造人物的，哪怕一个叹气、一个停顿，都经过认真的处理和设计。为什么这儿要喘口气？是因为这句话他不想说、难以启齿，还是有别的原因？配音演员要把原因找到，要最大限度地还原这些细节，要贴近角色。在配音的过程中，这类工作比较多。

所以一个配音演员接到片子后，最先做的事就是反复熟读剧本。记得我跟徐涛老师录《乱世佳人》里的斯嘉丽和白瑞德时，录前一个多星期，导演就让我们把剧本、录像带取回家看了。有一场戏是讲战争来了，斯嘉丽家里开始吃不上饭，爸爸也去世了，她就在军队中当护工。当她拖着疲惫的身躯回家发现梅兰妮要生产，一个曾经的贵族小姐要在这样的状态下去接生，所以我配音时已经顾不上声音优美不优美了，而是处理得很急，声音都有一点破了。为此，翻译老师把我找去说："我觉得这个地方你还得优美。"我说："影片的开头要优雅，那是因为在舞会，她要在所有男人面前表现出'我是最漂亮'的样子；现在战争来了，都吃不饱、穿不暖，哪还顾得上优雅？声音也是这样呀！"导演比较赞同我的塑造方式，于是就这么处理了。

作为配音演员，我们必须要站在角色的立场上来揣摩，这样才能塑造好人物。所以有时会出现很有趣的现象，我们都特别捍卫自己的角色，录着录着几个人就"打"起来了，这个说："你这个人（指角色）怎么这么讨厌？"那个人说："明明是你的角色讨厌，我的角色特别合理。"戏里戏外还经常这么掰扯。

有时候太入戏了也不行，尤其是我，泪点很低，录着录着就哭上了。他们问："你怎么那么爱哭？"我说："你们觉得不感人吗？"不过真正录的时候除了要有真情实感，还要有所控制，不能哭得都看不见台词、看不见口型了。还有喊戏，有时喊得我嘴唇直发麻，脑袋直晕："不行，得歇会儿。"这说明我当时用气不够科学了。这就需要用一些技巧和方法来加以控制。

现在很多演员不爱演复排的戏，因为很难超越经典。对于配音来说也是如此。说起佐罗来，就必须得是童自荣老师的声音，阿兰·德龙本人也认可；一提起简·爱，我脑海中永远是李梓老师的声音，包括为罗切斯特配音的邱岳峰老师也是如此，那个角色就应该出那个声儿。碰到这样的作品，配音演员就更需要进行再创造了，要对角色进行总体把握，要捕捉到它的神与魂。

见证配音的变迁

30 多年来，我作为一名配音演员感受到了社会变迁所带来的种种变化。

早年录音条件是比较艰苦的。记得我曾去上影的录音棚录过一部儿童剧，特别大的一个屋子，前面是大屏幕，中间立着一堆话筒，所有人坐在后面的一排椅子上，该谁说了，谁就走上前去录。我们经常天没亮就进去，再出来天已经黑了。那会儿我们录的是胶片（电影或电视剧），如果录十句话录到第八句错了，所有人都得从头开始，之前的全白录。人家全录对了，到我这儿错了，人家还得重来，多不好意思呀！所以总是特别紧张。现在我们有了电脑，有了数字技术，谁错了就从谁来，不会牵涉别人，心理压力就没那么大。

再比如对口型。早年靠的是死记硬背，可能剧中的对手抬起本了，或者镜头摇到一片叶子，我就要开始说话了。现在我们都是戴耳机同步听原声，所以很清楚该在什么时候进。再加上我们在剧本上做的各种记号，比如一个小 V 是小停顿，一个斜线就是大停顿，这里有一个抽泣、有一声咳嗽，还有一个笑，等等（只要自己能看懂就行，没有统一标准），该怎么录就很容易了。甚至，还可以利用后期技术调整口型。

此外，因为翻译只能看到剧本，所以翻出来的台词可能跟演员口型对不上，比如哭着说、笑着说、喘着气说等，都会有差别。过去剧本翻好后，有专门懂表演、了解配音演员的要求、还对语言非常熟悉的口型员拿去根据口型来润色台词。现在这部分工作则改由配音演员或译制导演来做。

现在好多剧都是单轨录，自己录自己的。比如录迪士尼的米妮时，我两个小时可能十集八集都录完了，然后才是李立宏老师来录高飞。这样做的好处是速度变快了，节约时间，并且机动性强，可以在同一部作品中集中一批好演员来配音。坏处是配音演员互相之间见不到，少了互相启发和碰撞的过程。为了保证配音的质量，迪士尼要求我们的语音、语调必须保证与原声一致。比如一些实景演出要求全世界米妮的声音都一样，包括说话的节奏、语气、方式等，尽管讲的是不同国家的语言，但一听就得是米妮。所以在录之前总会有一个美国方面的负责人要听我们讲一遍，我们打电话到香港去，香港再打电话到美国去，所有电话往那儿一放，各自说一遍，以此来检查是否符合标准。

多数情况下我仍偏爱大家在一起录的那种方法。这样录对手戏的时候创作的气氛更浓，总是有种兴奋感。导演会把整个情景说给我们听，你有你的解释，我有我的解释，同样一句话，如果我声音小了，你势必也会受到影响，这是相互作用的一个过程。记得录《唐顿庄园》的时候就是这样。一般来说央视把这种特别棒的剧做成译制片都容易挨骂，因为年轻人很难接受，所以我们真的非常用心地去做准备。有一场戏是 Mary 结婚时跟她爸爸跳舞，为了表现她那种矜持的贵族气质、又多多少少在父亲面前有点撒娇，把握好微妙的分寸感，我与录 Mary 爸爸的芒来一起揣摩了很长时间。录完一遍我们当场就听，哪个地方哪句话还差点火候一下子就会有反馈，然后马上改。大概录了两三遍我们才满意，再听的时候连自己都觉得是一种享受。

为不同语种的影片配音

这些年，我录过好多个国家和语种的译制片，比如日剧、泰剧，英剧、美剧、意大利剧，等等。有时会有很复杂的情况，比如之前录过的《安娜·卡列尼娜》是意大利人投拍的，由 12 个国家联合摄制，有的演员说意大利语，有的则说俄语，但是为了方便起见，原片统一配成英语，我们再把它做成中文版的译制片。这样的片子对于我们来说就特别有挑战。

为不同语种的影片配音的感受是不同的。比如日剧里说话都很慢，我录过《新干线》《东京大饭店》里的女主角，都是那种兢兢业业、非常努力的员工，总是鞠躬说はいはいはい（是是是），你得录出她这个鞠躬的动作。欧美剧的语速比较快，但最快的却是墨西哥剧，明明是说情话，语速却和吵架一样。韩剧我一般都录那种特别苦大仇深、最后终于得到爱情的女一号，一哭就是好几十集。泰剧几乎是最难录的。有的翻译第一次没经验，翻完每句话只有两三个字，我问："我看剧里说了好长，怎么翻出来才这么点儿？"翻译说他说的就这意思，其他都是废话。即便如此也得做一定的调整，比如原版中女主角的名字叫南，但录译制片时就改成楠凤，这样长一点儿，才能跟口型对得上。美剧、英剧台词中的倒装特别多，好多手势和动作也是同步的，所以配音起来就有点麻烦。比如原文说"不可能，这件事儿"，所以他摇头的动作就在前半句，但按照中文的语法，录出来得是"这件事儿不可能"，配上动作一看就会觉得不对劲，于是我们就得想办法把台词调整一下。

配音的过程中会发生很多有意思的事。比如苏联、俄罗斯的戏里，人名都是一长串，又难读又难记，因此在配音之前一般会请专家在很长的名字中标好重音，比如伊万诺维奇等，列成一张大名单先练一个月，来了就互相用角色的名字打招呼。不过，实际录的时候是难免会出错的。有一次一个男演员录点名的戏，要连着念八个苏联人的名字，就特别紧张，果然念到"伊万"的时候他卡壳了，"伊万、伊万"了好几遍，有老师在旁边逗他说，您这都好几十万了。

还有一次我们录一部意大利戏，突然有一个男演员讲台词："马队长来了。"大家一愣："马队长？"仔细一看原来是"队长马上就来了"。我记得有一个录对手戏的老师，下一句本来应该说"仁慈的天使啊"，他来了一句"天慈的人屎啊"。

我们录过一部新加坡剧叫《喜临门》，足足140集，光讲这户人家怎么经营炸鱼店了。我去新加坡的时候问有没有剧中卖炸鱼的那家店，当地人说那家店好像不是最有名的，我说那我不管，我录了100多集，天天讲这鱼怎么炸，一定得要去看看。我们这些配音演员聊天时，常开玩笑说聊一天了还没说一句挣钱的话。

由于职业的关系，我看大片基本是看原声版，不然没办法投入到剧情中去，总是很紧张，看这口型怎么样，这里情绪对不对，等等，都落下毛病了。我自己录的倒是还会再回顾，因为录音棚里的音响音质都是比较高的，到了电视里会发生衰减，声音没有我们真正录出来好听，所以要听一听到底怎么样。

多年来我时常想，工作、生活在这个时代是幸运的。我既受到前辈们的专业素质与敬业精神的良好熏陶，又能享受到现代化的科技手段所带来的便利，同时还可以与那么多同样热爱配音、热爱创作的同行们合作，我想，这是一件再幸福不过的事了。

人民大会堂《江山如此多娇》巨画的装裱经过

———
张贵桐

1959 年春天，为了迎接新中国成立十周年，敬爱的周总理指示：要在雄伟庄严的人民大会堂北门二楼大厅正面墙上，悬挂巨幅国画。画面以表现祖国锦绣河山的雄伟气魄为内容，已敦请傅抱石和关山月两位老画家承担了绘制这幅巨画的任务。

装裱这幅巨画的任务交给了荣宝斋来完成。当时荣宝斋经理侯凯同志和杨集桐、田宣生两位科长，专门找到裱画厂的领导研究怎样完成这个光荣而又艰巨的任务。研究结果，裱画的任务就落在了我的身上。我感到，要装裱这么大的画，光我一个人是不行的，需有一个得力助手才好完成。于是我选定了刘金涛同志。

画家和装裱人员确定以后，我们就开始准备宣纸、绢、高丽纸、宋锦、糨糊等裱画原料及必备的裱画工具，挑选的都是最好的材料。裱画地点定在前门外万明路东方饭店二楼大饭厅的木地板上。

画家画这么大幅的国画，不能离开裱画人员的合作。首先需要我们把画纸接好，画纸的尺寸初定为宽 10 米，高 7 米。我们先在地板上糊一层牛皮纸，然后在上面垫上几层纸，再在上面把画纸接好。与此同时，两位老画家反复地设计画稿。并且每画一次都请周总理审阅。最后一次，周总理还转请毛主席提了修改意见。两位老画家根据毛主席的意见修改后绘制的小样，毛主席和周总理看了都很满意。毛主席给此画取名为《江山如此多娇》。

画稿定了以后，画家就开始动笔了。我和刘金涛帮忙，把画纸抻平。我们随时在画心上垫纸，让两位老画家站在垫着的纸上作画。平时画家作画时是有画案的，因为这张画太大了，所以画家只能站在地板上画。有的画笔杆就像安上木棍的扫帚那样粗。颜色分深、浅、浓、淡好几种，有时掌握不好，应当画淡的地方画深了，我们装裱人员就把这块地方挖去，重新补上白纸。纸的横竖纹路都要对好，接口的周围用手搓去纸的半层，上下厚薄一样了，对好接口，再用毛笔在纸口的交接处刷上稀糨糊粘好，这样又成了一张整纸。在画家添上画儿以后，一点儿也看不出这是挖补后重新画的。要做好这道工序是很难的，要求装裱人员有高超的裱画技术。尤其是我们蹲在地板上工作，画幅的尺寸又大，蹲着工作不但使不上劲，而且蹲上半小时左右，就觉得腰酸腿疼。但一想到这是党和毛主席、周总理交付给我们的任务，是为庆祝伟大祖国诞生十周年而工作的，我们的劲头就上来了。在两位老画家用三个来月的时间完成了这幅巨画后，我们两人就开始了装裱工作。

我们先把大画心卷好，翻过来，画心的正面朝下，抻平；再用排笔蘸上稀糨糊刷在画心背后纸上，然后托上一层宣纸。在画心上工作要格外小心，两只脚要轻起轻落，稍不注意就会踩坏画心。我们从早上 8 点一直拖到晚上 10 点，才完成这道工序，累得腰酸腿疼。第二天，画心晾干后，就要做整平心子的工作。我们在画心背后洒上清水，水点要洒得小且均匀，拉平画心，四边再粘上糨糊，把画心整平，等画心干后，再用"起子"（竹制的签子）把四边起开，把画心翻过来，让画面朝上。这时我们请两位老画家来看裱画的初步效果，画家看了连声说："很好，很好！"对于挖补过的地方，也认为一点也看不出来有破损的痕迹。他们夸奖裱画师傅有"搬山填海、偷天换日"的能力。然后我们就开始"方心子"（即装裱心子的工作）。

我们按照大会堂需要的尺寸，裁好画心，高5.65米，宽9米，在画心四周镶上"养局"（即保护画心的一层纸）各1厘米，再镶上宋锦，上下边子各47厘米，两边各56厘米。成活以后，画高657厘米，宽1008厘米。镶好之后，我们把大画心卷好，翻过来，把画心面朝下，再用大刷子洒上清水，等画心和浆口都平了，再用大刷子把画心趟平。就开始做糊活，糊一层复背（绢），再糊两层高丽纸（两层高丽纸的纸纹要横竖错开），然后再糊宣纸，一共糊了10层。这时画的四边再粘上糨糊整平。过了三四天后，画片干了，我们用"起子"把画片四边起开，用刀子裁去毛纸，仔细检查，看裱画确无毛病，质量合格，才把画片卷起来，用包装纸包好。这时，我们将裱画完工情况通知了大会堂，并请示挂的时间及怎样粘贴等问题。大会堂回电话说：明天晚上8点派车接我们去粘画。我们估计粘画的工程巨大，就准备了三四十人去做这工作。车到后，由于画太大，车装不下，只好找了十多个裱画师傅扛着走到大会堂去；做好这一切准备工作，已到晚上10点钟了。大家休息了一会儿，同志们吃点东西、喝点水后，就开始粘画工作。由于画幅高大，粘时需要搭3层架子。最高层上去8个人，6个人往上拉画，4个人往上托着，5个人刷糨子，3个人往大画片背后刷水，画片往下松一段，再刷一段。在木边框子里口边上刷上厚糨糊，浆口两寸宽。第二层上去11人，6人抬着画片，3人刷水，2人刷糨糊。最底层12人，6人抬着画片，3 人刷水，3 人刷糨糊。工作开始后，我们顺着梯子把画卷着往上抬的抬，拉的拉，费了很大劲儿才送到最上层。画片和框子比好后，我们先粘住上口，一层层地往下放。同志们有的刷水，有的刷糨糊，有的管运输，有的用熨斗熨粘好的部分，工作有条有理，配合得十分协调。经过一番苦战，终于圆满地完成了《江山如此多娇》巨画的装裱任务。

这件事虽然已经过去 36 个年头了，但装裱巨画《江山如此多娇》的整个过程还一直留在我的脑海中，使我终生难忘。此后，每逢我去人民大会堂，总要在那幅巨画面前停留下来，欣赏老画家的名作。同时回味一下我们装裱这幅巨画的难忘时日。

图书在版编目（CIP）数据

艺者匠心 / 刘未鸣，刘剑主编 . -- 北京：中国文史出版社，2018.6（2022.10 重印）

（纵横精华 . 第一辑）

ISBN 978 - 7 - 5205 - 0392 - 1

Ⅰ.①艺… Ⅱ.①刘… ②刘… Ⅲ.①艺术家 - 生平事迹 - 中国 Ⅳ.①K825.7

中国版本图书馆 CIP 数据核字（2022）第 163955 号

责任编辑：金硕　胡福星

出版发行：**中国文史出版社**

社　　址：北京市海淀区西八里庄路 69 号　　邮编：100142

电　　话：010 - 81136606　81136602　81136603　81136642（发行部）

传　　真：010 - 81136655

印　　装：廊坊市海涛印刷有限公司

经　　销：全国新华书店

开　　本：787 × 1092　1/16

印　　张：16

字　　数：198 千字

版　　次：2018 年 8 月北京第 1 版

印　　次：2023 年 1 月第 2 次印刷

定　　价：56.00 元